ヒギンズさんが撮った
関東地方の私鉄
群馬・埼玉・東京・神奈川編
コダクロームで撮った1950～70年代の沿線風景

写真：J. Wally Higgins　　所蔵：NPO法人名古屋レール・アーカイブス
解説：安藤 功

◎帝都高速度交通営団丸ノ内線458　四ツ谷　1964（昭和39）年12月4日

Contents

第1章 群馬県
- 上信電鉄 6
- 上毛電気鉄道 20

第2章 埼玉県
- 上武鉄道 34
- 秩父鉄道 44
- 東武鉄道熊谷線 60

第3章 東京都
- 帝都高速度交通営団銀座線 66
- 帝都高速度交通営団丸ノ内線 70
- 帝都高速度交通営団日比谷線 76
- 帝都高速度交通営団東西線 82
- 帝都高速度交通営団千代田線 83
- 東京モノレール 84

第4章 神奈川県
- 川崎市交通局 96
- 横浜市交通局 112
- 横浜市高速鉄道 138
- 江ノ島鎌倉観光電鉄 142
- 湘南モノレール 172
- 伊豆箱根鉄道大雄山線 178

昭和30〜50年代の関東地方の私鉄

　モータリゼーションの進行で廃線の危機に瀕した鉄道もあったが、オイルショック後持ち直した会社もあり、貨物主体になった会社は国鉄分割民営化に伴う貨物輸送の形態変化に対応できず廃止になった会社もあった。

　大都市圏では、路面電車は路上交通の邪魔者となり廃止されたのと引き換えに、地下鉄網が建設されていく。

　本書では同シリーズのヒギンズさんが撮った大手私鉄の中で紹介した会社（箱根登山鉄道など）と、東京都電以外の関東地方の私鉄の写真を掲載していく。

◎上武鉄道４　西武化学前　1963（昭和38）年１月26日

日本交通公社時刻表 (昭和40年12月号)

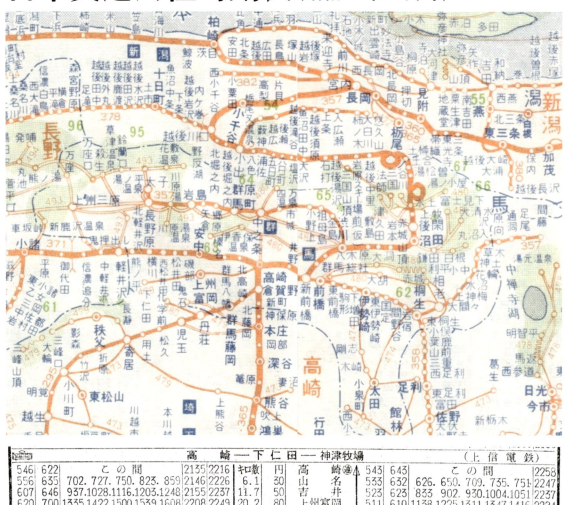

第1章
群馬県

・上信電鉄
・上毛電気鉄道

じょうしんでんてつ

上信電鉄

　鏑川流域の鉄道建設は早く、1897(明治30)年に上野(こうずけ)鉄道が軌間762mmの蒸気鉄道として高崎駅〜上州福島駅・南蛇井駅・下仁田駅と順次開業した。沿線に富岡製糸場を抱えるが経営は厳しかった。

　大正期に入り電気鉄道事業を兼業していた高崎水力電気への合併話が出るが、高崎水力電気と東京電燈との合併計画に不採算部門の上野鉄道合併が問題となり、上野鉄道は上信電気鉄道に改称し高崎水力電気から発電配電部門の一部を譲渡、鉄道も1924(大正13)年に1067mmに改軌・1500Vの電化工事が行われ、一部区間は線路が付替えられた。さらに信州の中込への延伸も計画されたが、世界恐慌の影響で着工出来なかった。

　戦時中の1942(昭和17)年に配電統制令により発電配電部門は関東配電に供出し鉄道事業専門となる。1964(昭和39)年に上信電鉄に社名を変更し現在に至っている。

上信電鉄沿線地図①

建設省国土地理院「1/50000地形図」
高崎：昭和52年修正

上信電鉄沿線地図②

建設省国土地理院「1/50000地形図」
富岡：昭和47年修正

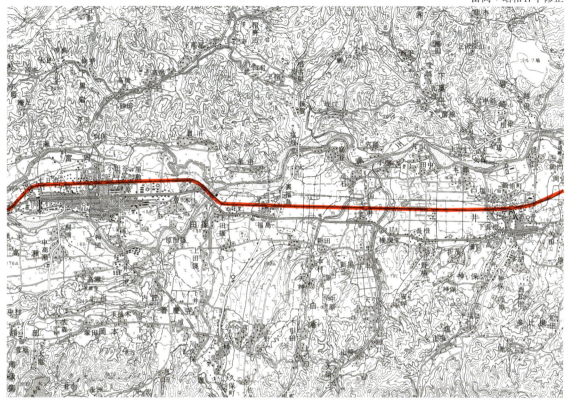

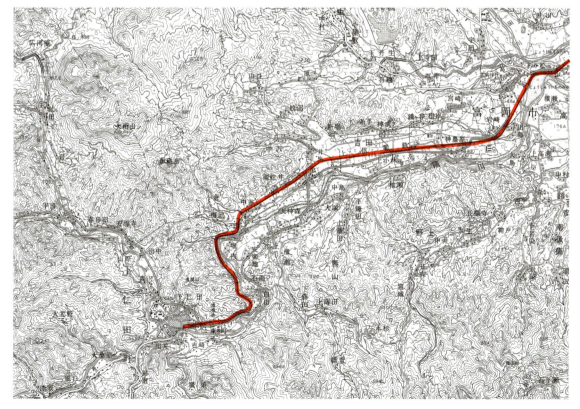

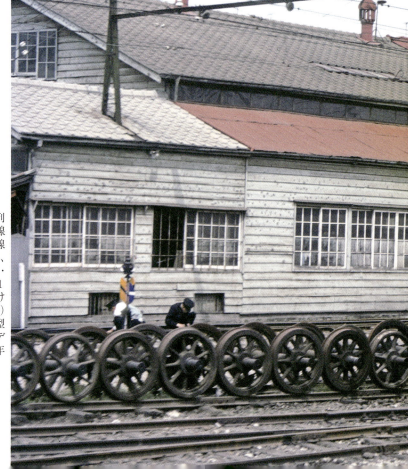

高崎駅構内の南側を国鉄高崎線下り列車の車内からの撮影、上信電鉄の本線は機関車の後ろの架線柱向こう側の線路になる。機関車のED31形ED31 6は、1923（大正12）年東京芝浦電気製の元・伊那電気鉄道（現・JR飯田線）のデキ1形6で、戦時買収後に国鉄形式をうけED31形となったもの。1955（昭和30）年に廃車後、上信電鉄に譲渡され凸型車体を箱型に改造、電装品や台車をデハニ1形の物と交換し1960（昭和35）年に登場した。
◎ED316
高崎
1963（昭和38）年5月4日

高崎

高崎駅構内の上信電気鉄道本社前にて。デキ１形は1924（大正13）年の改軌電化時に３両用意した機関車で、独国シーメンス・シュッケルト社製の電装品とM.A.N社製の車体で製造。電装品は電車と共通で総括間接式制御器と50kwモーター４個を持つ。落成時から大きな変化もなく貨物営業廃止後にデキ２が廃車されたが、デキ１と３は高崎駅構内で保存されている。後ろの無蓋車も改軌電化時に用意されたト１形。
◎デキ１　高崎　1963（昭和38）年５月４日

南高崎

南高崎駅を出発した高崎行き。電車のデハニ30形30は、改軌電化時に用意した1924(大正13)年日本車輌製のサハニ1形1を改造したサハ1形3 (19ページ下の写真参照)を種車に、1953(昭和28)年に三和車両で鋼体化・国鉄からの電装品・台車で改造したもの。クハ20形20は、同じく改軌電化時に用意したデハ1形2を、翌年デハニ新製の際に電装品を転用して付随車化したサハ1形2を1956(昭和31)年に三和車両で鋼体化したもの。台車に種車のブリル台車を使ったため背が低くなっている。
◎デハニ30+クハ20　南高崎　1964(昭和39)年12月12日

南高崎ホームの北端から。南三条（現・4号）踏切は第2種踏切で、踏切警手が手動で遮断桿を操作するため不在時間（23:15～4:40）の表記がある。南高崎駅向けの貨物列車は貨車の前後に機関車を連結して運転された。架線柱は古レール製だが刻印に"N.T.K."の発注名が確認されているので、改軌電化時に鉄道省から日本鉄道発注の古レールの供給を受けたようだ。
◎デキ1　南高崎　1964（昭和39）年12月12日

南高崎

電気部分"Siemens Schuckert"社と機械部分"M.A.N"社の銘板
◎デキ1銘板　南高崎　1964（昭和39）年12月12日

◎デキ1　南高崎　1964（昭和39）年12月12日

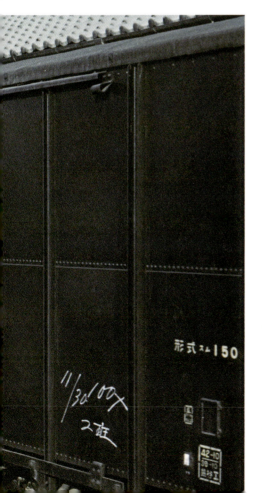

南高崎駅は本線と側線1本にその間の渡り線が2ヶ所、2両の機関車を使って入換が行われる。上の写真の右側の倉庫は秩父セメント関連会社で、左の写真の到着貨物に秩父鉄道の貨車も見える。1960（昭和35）年に側線の南側に秩父セメントのバラ積み輸送用のセメントサイロが完成。さらに11ページの写真の右手の工場も建て直され、このエリアまで貨物側線が伸ばされた。南高崎駅へは6往復の貨物列車が設定された時期もあったが1994（平成6）年に廃止、関連施設もすべて無くなっている。

◎ED31 6　南高崎　1964（昭和39）年12月12日

吉井

吉井駅を出発する電車の後部から、すれ違うのはデキ1形牽引の貨物列車。機関車後ろの貨車は、背の低さから改軌電化時に用意されたワ1形と思われ、この時に全部で33両の貨車が新造されている。吉井駅は写真右側(南側)に駅舎と貨物側線、島式ホームに上下本線があり、写真左側(北側)に側線があった。吉井駅の北東側に昭和30年代終わりにバキュームコンクリートの専用線が出来て、写真奥のカーブから左側へ分岐していた。
◎吉井　1957(昭和32)年5月15日

上州新屋

ホーム手前にある三途川を渡り上州新屋駅に到着する。電車はデハ10形12で、出自は信濃鉄道（現・JR大糸線）が1925（大正14）年の電化時に用意した日本車輌製16m級のダブルルーフの木造車のデハユニ1形2。1937（昭和12）年に鉄道省に買収され大糸南線になった際にモハユニ21形21002となる。国鉄で1951（昭和26）年に廃車後に三和車両で鋼体化され1952（昭和27）年にデハ12として竣工している。
◎デハ12　上州新屋　1964（昭和39）年12月12日

上州新屋〜上州福島

上州新屋駅〜上州福島駅間の白倉川の堤防から、遠くに浅間山や妙義山を望む。電車のクハニ10形14は、改軌電化時に用意したデハ3を、1959(昭和34)年に東洋工機で鋼製化したもの。ノーシール・ノーヘッダーの車体を持つ。
2両目のデハ10形10は、19ページ上のデハ11と経歴は同じく東武デハ4を鋼体化したものだが、1962(昭和37)年に西武

所沢工場で車長を16mから19mに延長し3ドアに改造された。
◎クハニ14+デハ10　上州新屋〜上州福島　1964(昭和39)年12月12日

千平～下仁田

千平駅の南側、鏑川の不通(とおらず)渓谷付近を走る。電車後ろの不通橋は吊り橋だったが、1984(昭和59)年に現在のローゼ橋に架け替えられた。線路はこの先渓谷沿いに下仁田に向かうが、上信電気鉄道になって向かおうとした信州の中込へは標高1000mを超える内山峠をはじめ、妙義山・荒船山麓の急峻な地形と昭和恐慌の影響で鉄道建設は出来ず、バス路線を開設するに留まった。電車は車体更新が終わったデハ10形と、改軌電化時に用意した車を改造したサハ１形。
◎デハ10形＋サハ１形
千平～下仁田
1957(昭和32)年５月15日

上州新屋〜
上州福島

上州新屋駅の西側、写真の右端側に上州新屋駅がある。電車のデハ10形11の出自は、東武鉄道デハ1形3で、1924（大正13）年の浅草駅〜西新井駅間電化時に日本車輌東京支店で製造された正面5枚窓の16m級木造ダブルルーフ車体を持つ。戦後東武鉄道に国鉄63形割当の見返りに小型車が供出された際に1948（昭和23）年に上信に来た。木造車のまま戦後輸送に就いたが1953（昭和28）年に三和車両で半鋼製車体に更新された。クハニ10形11は、電化時に製造したデハ1を電装解除したサハ1を、1955（昭和30）年に三和車両で鋼体化したもの。
◎デハ11+クハニ11
上州新屋〜上州福島
1964（昭和39）年12月12日

じょうもうでんきてつどう

上毛電気鉄道

　国鉄両毛線は前橋から伊勢崎を通るため南へ向かってから桐生へ結んでいたのに対して、赤城山麓の大胡を経由し直線的に結ぶ上毛電気鉄道が1928（昭和3）年に開業した。そのため前橋・桐生とも国鉄線とは隣接せず、中央前橋駅・西桐生駅と単独の駅を置いている。

　さらに会社は大胡駅で分岐して、伊勢崎を通り高崎線の本庄に向かう路線を計画し、利根川の坂東大橋は1931（昭和6）年に鉄道併用橋として架けられたが、昭和恐慌の影響で開業させることは出来なかった。

　1932（昭和7）年に東武桐生線が新大間々（現・赤城）駅まで延長すると構内で線路を接続、太田駅から直通電車を1935（昭和10）年まで運転したほか、貨物営業を開始している。

　戦時中の合併もなく、戦後に東武浅草駅から中央前橋駅まで直通電車が運転されたこともあったが、基本は線内の運転に変わりなく、1986（昭和61）年に貨物営業は廃止になるが中央前橋駅〜西桐生駅間の運転を続けている。

上毛電気鉄道沿線地図①

建設省国土地理院「1/50000地形図」
前橋：昭和52年修正

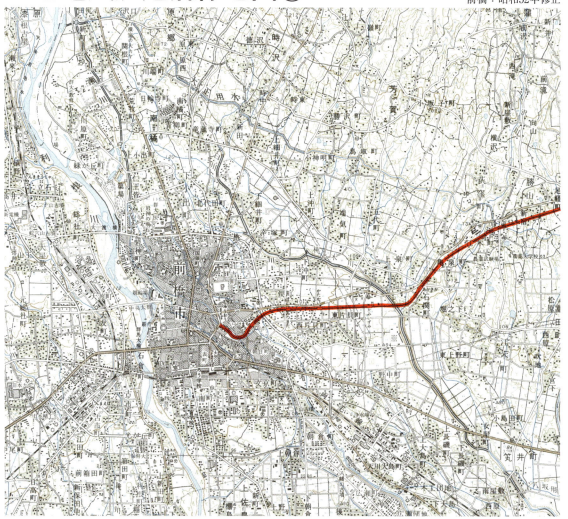

上毛電気鉄道沿線地図②

建設省国土地理院「1/50000地形図」
前橋:昭和52年修正　桐生及足利:昭和51年修正

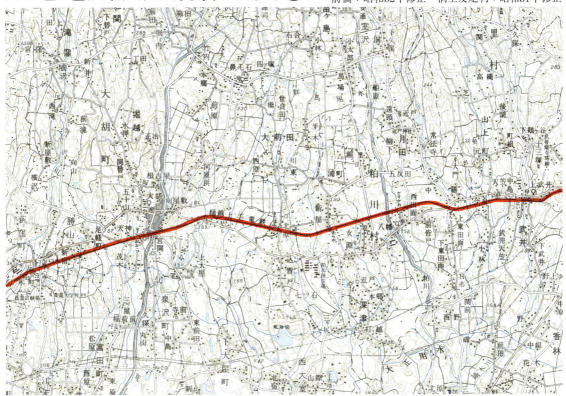

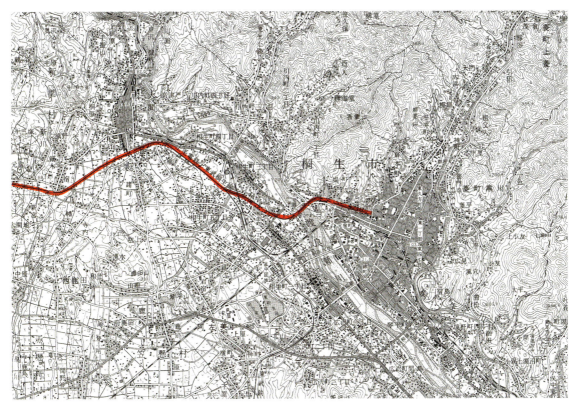

中央前橋

国鉄の前橋駅が街の南端に位置するのに対して、中央前橋駅は広瀬川沿いの前橋市中心部に近い所に設けられた。クハ300形301の出自は、鉄道省デハ33400形33401で1920（大正9）年日本車輌製の京浜線用増備車。1926（大正15）年に単独の乗務員室を持たなかったため電装品を他に流用して付随車化されサハ23600形23611となり、1928（昭和3）年の称号改正でサハ25形25011となったもの。1949（昭和24）年に上毛電気鉄道に貸し出されクハ301となる（30ページ参照）。1959（昭和34）年西武所沢工場にて台枠を延長し18m級3ドア全金属車体に更新された。
◎クハ301＋デハ101　中央前橋　1975（昭和50）年5月8日

22ページの写真に見える広瀬川に架かる桃井橋から。電車のデハニ50形は、デハ100形101〜104とともに開業時の1928（昭和3）年に川崎車輛で51・52の2両が製造された。新製時に乗務員室扉は無く客室扉は均等に配置されていたが、1952（昭和27）年に客室を拡大する際に客室扉を移設し写真に見られる形となった。運転台後ろのドアまでが荷物室だが、荷物が無ければ客室として開放しているようで乗客の姿が見える。
◎デハニ51＋クハ501　中央前橋　1975（昭和50）年5月8日

中央前橋

デハ160形161は、武蔵野鉄道（現・西武池袋線）が電化増備車のデハ311形311として、1926（大正15）年に日本車輌東京支店で製造されたダブルルーフの木造車。西武鉄道になりモハ203に改番となり、1956（昭和31）年に上毛電気鉄道に譲渡されデハ161となった（26ページ上の写真参照）。1960（昭和35）年に西武所沢工場に送られ台枠を延長ののち全金属車体に更新された。この車から正面固定窓がHゴム化されている。
◎デハ161＋クハ601　中央前橋　1975（昭和50）年5月8日

中央前橋～城東

広瀬川は灌漑用水として使われていたので写真に見られるよう取水口があった。電車のクハ500形501は、青梅電気鉄道（現・JR青梅線）が1930（昭和5）年に汽車会社東京支店でモハ500形503として増備した車。戦時買収後の1947（昭和22）年に付随車代用で借受け、1950（昭和25）年に譲渡を受けたあと両側に運転台を付け制御車に改造し現車番となった。屋根上にベンチレータは無く、幕板部に片側4つ通風器が取り付けられている。
◎クハ501＋デハニ51　中央前橋　1975（昭和50）年5月8日

新里

上毛電気鉄道の交換駅の多くは島式ホームで通票交換に便利なように右側運転台にされていたが、新里駅は相対式ホームになっていた。電車のモハ160形161は、24ページの写真の車の更新前の姿。西武時代の1956（昭和31）年に二重屋根をシングルルーフ化、さらに木造車体に鉄板を張りニセスチール化して上毛電気鉄道に譲渡される。後ろの車はクハ1060形1061で、出自は1926（大正15）年汽車会社東京支店製の旧・西武鉄道モハ500形505。西武クハ1256となったものを1956（昭和31）年に譲渡を受けた。
◎デハ161+クハ1061
新里
1958（昭和33）年9月

中央前橋～城東

クハ600形601の出自は、国鉄サハ25形25053(鉄道省サハ33700形1921(大正10)年日本車輌製)の譲渡の許可を受けるが現車は解体、帝国車輌の手持ちの台枠に車体を仕上げ、台車を流用し1951(昭和26)年にクハ600形として完成したもの。
◎クハ601+デハ161
中央前橋
1975(昭和50)年5月8日

新里

新里駅の西桐生方、27ページ下の写真のデハが停まっているホームの端から。左端の建物が駅舎で、建直された現在も位置関係は変わっていない。電車はクハ700形701で、出自は1930（昭和5）年新潟鉄工所製の鶴見臨港鉄道モハ110形111。国有化後も鶴見線で使われ、1952（昭和27）年にサハ代用になっていたものを譲受け、中央前橋方に運転台を取付け制御車としたもの。後ろのデハ170形171は、1959（昭和34）年にデハ11を制御車した際に発生した電装品と、西武所沢工場の手持ち台枠・台車を使い新造されたもの。
◎クハ701＋デハ171　新里　1975（昭和50）年5月8日

赤城

赤城駅西側にあった東武バス大間々出張所から、現在は市営駐車場になっている場所。東武の赤城駅の到着貨物は小麦や飼料を積んだホッパー車が多く、奥の農協飼料のサイロは無くなったが、手前の星野物産製粉工場は盛業中。電車のデハ180形181は、上毛電気鉄道が西武所沢工場で進めていた鋼体化グループの最後の車で1963（昭和38）年に登場。手持ちの台枠・電装品・台車によるが種車は存在せず新造扱いになっている。車体寸法は在来鋼体化と同じだが、車体断面や構造は西武モハ701系に準じ、ドアも1300mm両開きになり、この車からカラシ色の塗装で登場している。
◎デハ181＋クハ501＋デハニ51　赤城　1975（昭和50）年5月8日

西桐生

西桐生駅は国鉄桐生駅の北側にあるが、桐生川に沿って南北に長い桐生の街の西側にあるので西桐生駅となっている。電車のクハ700形701で、28ページの写真より17年前の姿。後の車はクハ300形301で、国鉄サハ25形25011を1949(昭和24)年に借受け翌年制御車化、さらに1952(昭和27)年に上毛籍となり改番・ニセスチール化されている。どちらも増結車なのかホームと接しない留置線に停められている。
◎クハ701　クハ301
西桐生
1958(昭和33)年9月

赤城

赤城駅は1928(昭和3)年に新大間々駅として開業、1932(昭和7)年に東武桐生線(写真右側のホーム)が開業している。1958(昭和33)年に東武の赤城山観光開発にあわせ、その玄関口として赤城駅に改称している。1963(昭和38)年まで浅草駅から中央前橋駅まで直通電車が、1986(昭和61)年まで東武線経由で貨物営業を行っていたので、構内の先に東武線との渡り線が見える。電車のクハ500形501は、25ページの写真の18年前の姿。この頃は屋根上に歩み板が設けられている。
◎クハ501
赤城
1957(昭和32)年2月7日

日本交通公社時刻表（昭和40年12月号）

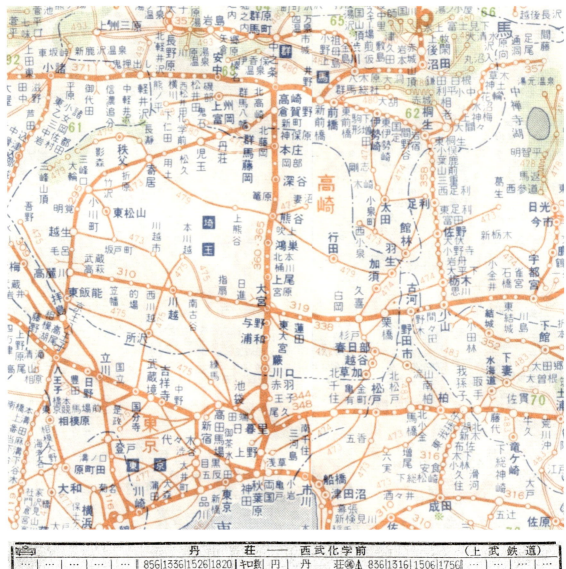

第2章
埼玉県

・上武鉄道

・秩父鉄道

・東武鉄道熊谷線

じょうぶてつどう

上武鉄道

　戦時中に神流川左岸の多田鉱山で産出するニッケル鉱石を、対岸の若柳精錬所へ索道で運び精錬したニッケルを輸送するために、1941(昭和16)年に国鉄八高線丹荘駅から専用線の敷設工事を行い、日本ニッケル専用鉄道の運転が始まった。さらに路線延長や旅客営業も計画されたが実施されなかった。

　戦後、軍需産業に依存していた日本ニッケルは専用線の維持が困難になったため、1947(昭和22)年に普通鉄道に転換し日本ニッケルの鉄道部門として再出発、旅客営業を開始して途中駅も設けられ渡瀬への路線延長の免許も下りた。

　1954(昭和29)年に西武鉄道系の尼崎肥料が若柳で操業を開始、1960(昭和35)年に朝日化学肥料に社名変更後、日本ニッケルの鉄鋼事業を買収して西武化学工業となる。その後1962(昭和37)年に日本ニッケルから鉄道部門が分離され上武鉄道となった。

　普通鉄道転換後の実態も若柳の工場への専用線で旅客需要は少なく、延伸計画も延期申請を出していたが1966(昭和41)年に失効。旅客営業は1972(昭和47)年に廃止される。その後も貨物専業で営業を行ったが、1986(昭和61)年に国鉄八高線の貨物輸送廃止により上武鉄道も廃止された。

上武鉄道沿線地図

建設省国土地理院「1/50000地形図」
高崎：昭和42年修正

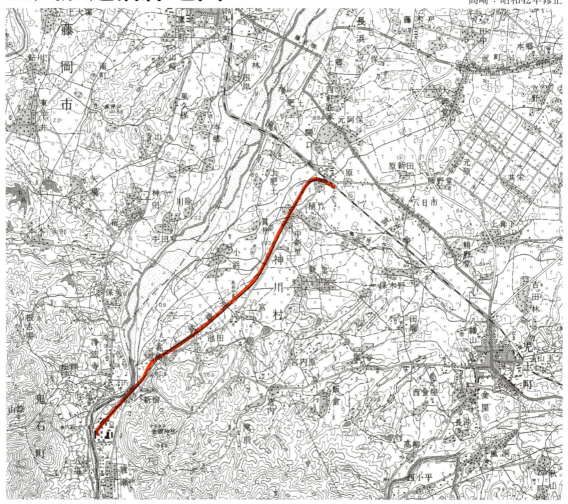

丹荘

丹荘駅では左に見える国鉄線の奥から発車し構内踏切で連絡するが、編成が長いのでホームで収まらず踏切を越して停車している。機関車のD1001は、1937（昭和12）年に日本車輌が茨城県の鹿島参宮鉄道向けに製造した黎明期のディーゼル機関車。鹿島参宮鉄道ではあまり使われなかったと言われるが、1953（昭和28）年に日本ニッケル鉄道に移籍。エンジンは池貝鉄工HSD12、90PSから、1961（昭和36）年に日野DA55、110PSに換装。この出力では上り勾配が続く本線で重量貨物牽引には力が足りず、貨物が無い日の客車牽引や、貨物の入換補助や補機として使われた。
◎D1001＋ハフ3＋貨車　丹荘　1963（昭和38）年1月26日

丹荘

丹荘駅に着いた列車は貨車の入換を行う。36ページ上の写真いちばん左側の線路が上武鉄道の本線、その間に3本側線があり国鉄八高線との間で貨車授受が行われる。上の写真はハフ1形3。上武鉄道2代目のハフ3で、書類上は1963（昭和38）年西武所沢工場で新製だが、1934（昭和9）年に兵庫県にあった篠山鉄道に納入された日本車輌標準型ガソリンカーで、西武所沢工場の入換車代用になっていたもの。検査票に「所沢工」の文字が見えるが日付は「36-11」となっている。
【36ページ上の写真】
◎4　丹荘　1963（昭和38）年1月26日
【36ページ下の写真】
◎4　丹荘　1963（昭和38）年1月26日
【37ページの写真】
◎4　ハフ3　丹荘　1963（昭和38）年1月26日

丹荘

丹荘駅の北側、神流川に沿って下ってきた列車は90度向きを変えて国鉄丹荘駅の南側に到着する。踏切の道路は並行する県道で「西武化学埼玉工業」の看板が見えるが、貨物もトラック輸送に変わり始めていた。機関車の4号機は1886(明治19)年英国Nasmyth.Wilson製、日本鉄道から房総鉄道に移り形式400の403号となり、川越鉄道に払下げで5号機から西武鉄道合併後に4号機となったもの。是政線(現・多摩川線)で使われたのち1961(昭和36)年に日本ニッケル鉄道にやってきた。1963(昭和38)年中には運転を終了したが、廃車後西武に戻され現在は横瀬車両基地で保存されている。
◎4
丹荘
1963(昭和38)年1月26日

西武化学前

西武化学前駅は1947(昭和22)年に地方鉄道の若柳駅として開業。1960(昭和35)年に朝日化学肥料が日本ニッケルの鉄鋼事業を買収して西武化学工業に社名が変わると駅名も変更された。上武鉄道の列車は4往復で貨物列車の後ろにハフが付く混合列車だった。丹荘駅を出るとずっと上り勾配で、駅構内が水平になるのは最初の分岐を越えて機関庫の脇をすぎてからであった。この先ヤードの中を通り40ページ上の写真のホームに到着する。
◎4
西武化学前
1963(昭和38)年1月26日

機関車への給炭風景
◎4　西武化学前　1963（昭和38）年1月26日

◎ハフ3＋貨車＋4　西武化学前　1963（昭和38）年1月26日

西武化学前

西武化学前駅の構内は、機関庫から左の写真のホーム・さらに奥の貨物ホームへ続く線と、本線から真ん中を進み左側の線に合流する線、工場の中に入って勾配上で分岐して貨物ホームが続く3線に分かれており、何カ所に渡り線が設けられ貨車の入換が行われた。旅客ホームに行くには工場南側にあった門の守衛所から中に入り工場群を抜けた先になるので、地元の人の利用はすくなかったという。無蓋車の積荷は金属スクラップのようだが、この当時はニッケル精錬より金属スクラップを電気炉で精錬するのが主な事業になっていた。また下の写真に見えるコンクリートパイルの生産も主な事業だが製品はトラックで運ばれた。

◎4　西武化学前　1963（昭和38）年1月26日

西武化学前

　3号機の出自は英国Dubs社1891(明治24)年製の大阪鉄道6号機、関西鉄道に合併で「駒付」形57号機になり国有化で鉄道院220形220、1917(大正6)年に廃車後は多摩鉄道(現・西武多摩川線)へ行きＡ１となり、西武鉄道合併で3号機になった。日本ニッケル鉄道には1956(昭和31)年に借入機として入線する。1958(昭和33)年に譲渡され在来の機関車の続番で8号機となる。上武鉄道でのオリジナル3号機は、専用線時代に入線した1921(大正10)年日本車輌製27t標準機の元・飯山鉄道3号だったが、同車が1962(昭和37)年に休車後に8号機と入替ったと思われる。廃車後は西武鉄道に戻り、現在は昭和鉄道高等学校に保存されている。
◎3　西武化学前　1963(昭和38)年1月26日

5号機の出自は英国Nasmyth.Wilson社1896(明治29)年製の川越鉄道(現・西武新宿線の一部)3号機、西武鉄道合併後に5号機に改番されている。4号機同様に、是政線(現・多摩川線)の電化時まで使われ1959(昭和34)年に日本ニッケル鉄道にやってきた。4号機が入線すると予備機となり、廃車後西武に戻され旧・保谷教習所跡地に保管されている。後ろは6号機で、英国Nasmyth.Wilson社1902(明治35)年製の川越鉄道4号機として増備されたもの。1962(昭和37)年に上武鉄道にやってきたが、当時の上武鉄道は西武鉄道からの古典期の蒸気機関車を使いつぶしの格好で運転されおり、1964(昭和39)年に無煙化のためディーゼル機関車を借りるまで続いていた。
◎5　西武化学前　1963(昭和38)年1月26日

ちちぶてつどう

秩父鉄道

　秩父鉄道の前身の上武鉄道は、大宮郷(秩父)と日本鉄道の熊谷駅を結ぶ計画をたて、1901(明治34)年に熊谷駅〜寄居駅を開業した。その先は谷あいの地形と資金繰りに苦労し、1911(明治44)年に初代・秩父駅まで、荒川を渡り1914(大正3)年に現在の秩父駅まで延長開業し1916(大正5)年に会社名を秩父鉄道に改めた。

　鉄道の開通により武甲山の石灰石を輸送することが可能になったので、浅野セメント深川工場へ石灰石の輸送が始まり線路も鉱山のある影森駅まで延長、また石炭不足影響で1922(大正11)年に電化を行い、東武鉄道への接続を目指し熊谷〜羽生を建設中だった北武鉄道の支援を行い開業後に同社を合併している。

　1923(大正12)年に秩父セメントが設立され秩父鉄道によりセメント輸送が開始される。秩父セメントは秩父駅に接続する第一工場のほか、武州原谷貨物駅に第二工場(現・秩父太平洋セメント)、三ヶ尻貨物線に接続する熊谷工場(現・太平洋セメント熊谷工場)を建設し、秩父鉄道を使った製品や石灰石輸送が行われた。

　終点の三峰口駅までは1930(昭和5)年に開業、その先大滝村までの建設は免許を取得しながら叶わなかった。沿線には長瀞渓谷・秩父神社・三峰神社と観光地も多く、戦後東武東上線や国鉄線から、1989(平成元)年からは西武秩父線と線路が繋がり電車が乗入れてきている。

秩父鉄道沿線地図②

建設省国土地理院「1/50000地形図」
寄居：昭和47年修正

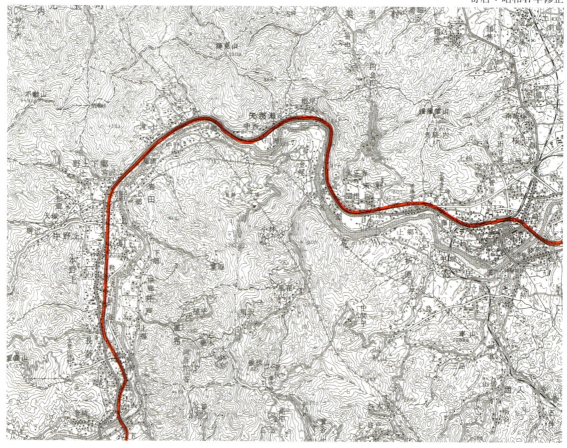

秩父鉄道沿線地図①

建設省国土地理院「1/50000地形図」
古河：昭和47年修正　鴻巣：昭和53年第2回編集
熊谷：昭和54年第2回編集　寄居：昭和47年編集

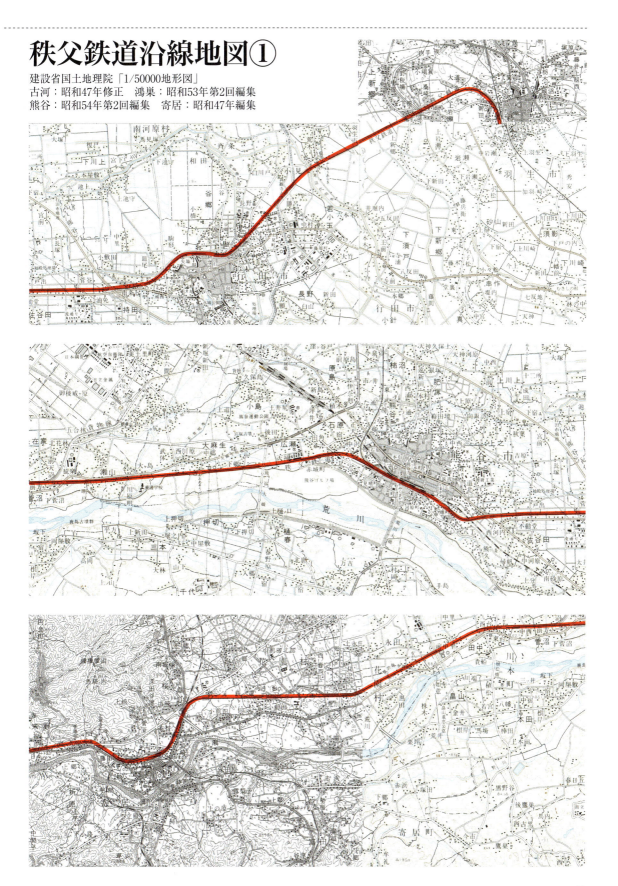

熊谷

武甲山の石灰石を原料にセメント生産を始めた秩父セメント（現・太平洋セメント）は秩父鉄道を使い製品のセメントを出荷、また燃料の石炭・石油を運ぶことで秩父鉄道は発展してきた。特に1960年代に入ってからの高度成長期は、セメントを袋詰めせずに貨車に直接積込むバラ積み輸送が増え、連結されるホキ5700形も秩父セメントの協力のもと日本車輌が独自開発したもので、1966（昭和41）年から500両以上が秩父セメント向けに製造されている。
◎デキ105　熊谷　1975（昭和50）年5月18日

車掌車のヨ10形は1968(昭和43)年の新造扱いだが、古いアーチバー台車・狭い台枠から判る通り、古いOre Car(鉱石車など重たい荷物を運ぶ車長の短い貨車)のヲキ1形を種車にしている。
◎ヨ12　熊谷　1975(昭和50)年5月18日

デキ200形は、先に製造されたデキ100形の増備型として1963(昭和38)年に日立製作所で3両製造された。使用線区で1000ｔ貨物列車を安定して引き出せるように出力が増強され、機械的に軸重補償を行うため特殊な形状の台車を採用。車体は照度確保のためヘッドライトが2灯になり正面窓が小型化されている。
◎デキ203　熊谷　1975(昭和50)年5月18日

寄居駅秩父鉄道のホームから、寄居駅は1901(明治34)年に上武鉄道の駅として開業。1925(大正14)年に東武鉄道東上本線の駅が南側に、1933(昭和8)年に鉄道省八高北線の駅が北側に開業している。駅名標のある右側のホームは国鉄八高線のもの。ヤードには貨車が並び八高線へ継走される貨物も多かった。
◎デキ104
寄居
1959(昭和34)年4月25日

寄居

寄居駅を出発する500系、羽生方がデハ500形、三峰口方はクハ600形の2両編成で1962（昭和37）年から日本車輌東京支店で9編成が製造された。急行用300系に対して普通列車用とされたのでロングシートになり窓割を変更、ヘッドライトが2灯化されている。クハ600形の連結面側に便所をそなえていたので窓が曇りガラスになり床下に流し管が見える。
◎クハ602-デハ502
寄居
1963（昭和38）年1月26日

寄居

デキ100形は、1951(昭和26)年に日立製作所で製造した秩父セメントの私有機48t電気機関車デキ8を改番したデキ101に始まり、1954(昭和29)年から重量を50tに出力を800kwに増強したデキ102〜106を増備した。その後廃止になった松尾鉱山鉄道から同型機を購入しデキ107・108としている。デキ106は1956(昭和31)年製、車体の角が丸みを帯びている。続くワフ20形は、大正期の鋼製台枠木造有蓋車を車掌室付きに改造したもの。
◎デキ106　寄居　1963(昭和38)年1月26日

波久礼

波久礼駅は1903（明治36）年の開業。大宮郷（秩父）に少しでも近づくための延伸だった。電車は戦前の電化時に新製した木造電車のデハ10形を、1950（昭和25）年から17m級半鋼製電車に更新したもの。デハ100形のうちデハ103〜113がこのグループで、デハ111の種車はデハ15と記録されているが、実際には台枠は素材として使われており必ずしも一致していない。2両目はクハユ30形31で、秩父鉄道唯一の郵便設備を持つ。1953（昭和28）年にクハユニ31から車体更新されている。
◎デハ111-クハユ31　波久礼　1963（昭和38）年1月26日

波久礼〜樋口

波久礼は崩れやすく危険な場所を意味する「破崩」に別の字をあてたもの。その地形に阻まれ建設資金を集めるのにも時間がかかり、初代・秩父駅まで延長するには1911（明治44）年までかかっている。電車は51ページと同じデハ100形だが、101と102の2両は国鉄木造客車の台枠を使い新製扱いで1950（昭和25）年に日本車輌東京支店で登場している。1942（昭和17）年に登場したデハ50形で採用された室内内側に寄った客室扉が特徴。
◎デハ102
波久礼〜樋口
1963（昭和38）年1月26日

長瀞～上長瀞

1911(明治44)年の開業時は、写真の右側付近を通り荒川橋梁の下をくぐり、親鼻駅の対岸(荒川左岸)に初代・秩父駅があった。1914(大正3)年に荒川橋梁が架けられ宝登山(現・長瀞)駅から大宮(現・秩父)駅までの新線が開業すると在来線は貨物線となり初代・秩父駅は国神駅に改称。1915(大正4)年に新線上に国神(現・上長瀞)駅が開業すると新駅から旧・国神駅への線路が出来て付替えられ、荒川駅と改称。その後1926(大正15)年に荒川駅は廃止され、一部区間は構内側線扱いで残された。1928(昭和3)年に上長瀞駅に改称される。電車はクハニ20形24で、1925(大正14)年製の木造電車を1951(昭和26)年に更新改造扱いで登場。運転後は荷物扉で客室扉は中央に寄っている。
◎クハニ24
長瀞～上長瀞
1959(昭和34)年4月25日

上長瀞

上長瀞駅の長瀞駅寄り、上り本線の３番線ホームの中程から廃止になった元・荒川駅への途中までが貨物側線として残っており、貨車の入換えが行われている。秩父鉄道は1922（大正11）年に羽生駅〜影森駅間を電化するが、本線牽引の電気機関車を用いた極初期に当たる。架線柱は古レールを２本あわせて使用されているが、電化に際して交換されたレールと推測されるが、その中には1880〜90年代の物が見られるので、開業当時のレールは機関車同様に中古品でまかなわれていた模様。
◎上長瀞
1959（昭和34）年４月25日

上長瀞〜親鼻

線路は荒川左岸を進んできたがこの先は地形が悪いため右岸に移り、４段の煉瓦と花崗岩積みの高さ20m余りの橋脚を持つ全長153mの荒川橋梁（58ページの写真）を渡り親鼻駅に向かう区間。機関車のデキ７は、1925（大正14）年の秩父セメント操業にあわせイギリスのイングリッシュ・エレクトリック社でデキ１形６・７の２両が新製された。同型機が東武鉄道や青梅電気鉄道にも入っている。戦前はパンタグラフを２機載せていたが、戦後１機に減らされている。
◎デキ７
上長瀞〜親鼻
1959（昭和34）年４月25日

54

三峰口

1930（昭和5）年開業の終点三峰口駅構内。この先大滝村までの免許を取得したが、地形はさらに急峻となり建設されることは無かった。三峰神社へは谷を遡った先の大輪から三峰ロープウェイで結ばれ、さらに山奥の亜鉛や磁鉄鉱を産出する日窒鉱山とは索道で結ばれ、三峰口駅から貨車で川崎の日本鋼管へ運ばれた。
左側の電車はクハ60形67で、クハ30形32を1953（昭和28）年に更新改造・改番したものだが、出自は1909（明治42）年日本

車輛製の鉄道院初のボギー電車ホデ1形。木造車体のまま使われサハ25029となっていたものを、戦後の車両不足の中で秩父鉄道にやってきた。他の車と違い客室扉が均等に並んでいる。
◎クハ67 三峰口 1956（昭和31）年7月29日

◎上長瀞〜親鼻　1959（昭和34）年4月25日

秩父鉄道沿線地図④

建設省国土地理院「1/50000地形図」
秩父：昭和51年修正　三峰：昭和47年修正

秩父鉄道沿線地図③

建設省国土地理院「1/50000地形図」
寄居：昭和47年修正　秩父：昭和51年修正

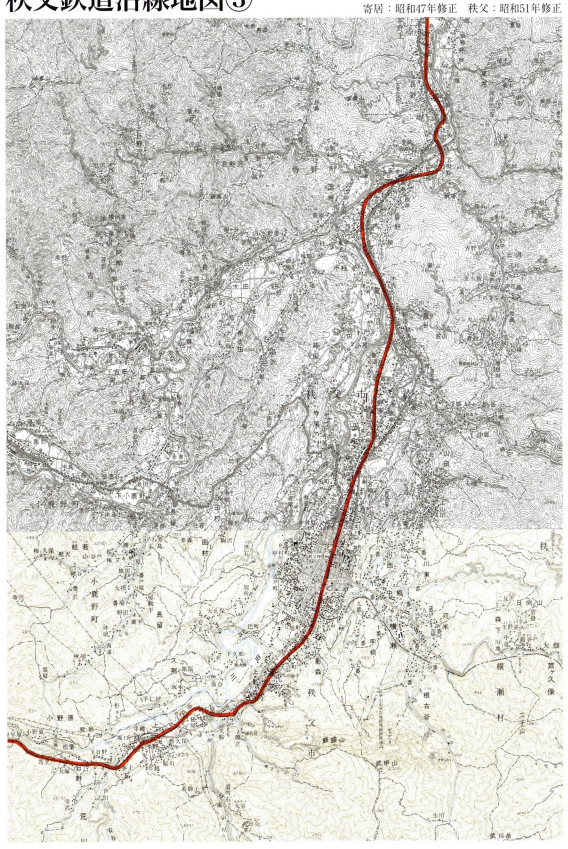

とうぶてつどうくまがやせん

東武鉄道熊谷線

　東武熊谷線は、戦時中に利根川左岸にあった中島航空機(現・SUBARU)への要員・資材輸送用として、国鉄熊谷駅から鉄道建設が突貫工事で行われ、1943(昭和18)年に熊谷駅〜妻沼駅が開業した。資材は日光線の単線化や国鉄用品庫から調達し、続けて利根川橋梁と小泉線西小泉駅までの工事を進めたが、終戦で利根川橋梁の橋脚工事が終わった所で工事は中断した。

　蒸気機関車による客車列車での運転であったが、戦後の1954(昭和29)年に熊谷線用に気動車(キハ2000形)3両を新製して無煙化・合理化を図った。しかし工事区間を開業させても赤字の見込みは変わらず、設備更新に多額な費用がかかるため、1983(昭和58)年に全線が廃止となった。

東武鉄道熊谷線沿線地図

建設省国土地理院「1/50000地形図」
深谷：昭和49年修正　熊谷：昭和54年第2回編集

熊谷

熊谷線の駅は秩父鉄道南側に建設予定だったが、開業を急いで秩父鉄道の複線化用地を借用して建設されたため、熊谷駅はホームを共用している。車両のキハ2000形は1954(昭和29)年東急車輛製。16m級の軽量気動車で液体変速機を装備し総括連結運転を行った。
◎キハ2003　熊谷　1975(昭和50)年5月18日

熊谷～上熊谷

熊谷駅～上熊谷駅間は秩父鉄道の用地を借りたので、国鉄高崎線と秩父鉄道線との間を走っていた。当初の計画では秩父鉄道の南側（写真右側）に建設予定だった。
◎キハ2003　熊谷～上熊谷　1975（昭和50）年5月18日

妻沼

熊谷線は小泉線西小泉駅まで結ぶ計画だったため、駅の先に建設中の築堤が利根川築堤まで伸びている。機関区は駅舎と同じく西側（写真左側）にあり、終端部でスイッチバックして入庫した。
◎キハ2002＋キハ2001
妻沼
1959（昭和34）年4月26日

大幡

大幡駅は線路の西側（写真右側）に駅舎があった。熊谷行きが到着する。
◎大幡　1975（昭和50）年5月18日

日本交通公社時刻表（昭和40年12月号）

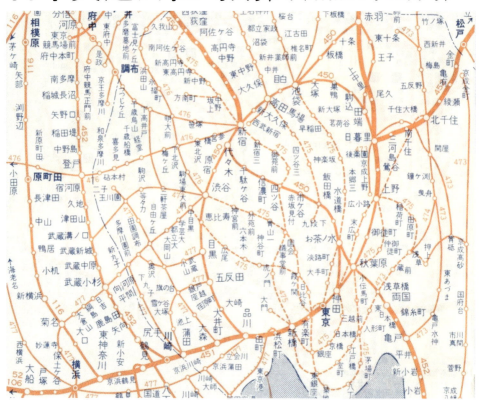

第3章
東京都

・帝都高速度交通営団
・東京モノレール

<small>ていとこうそくどこうつうえいだんぎんざせん</small>

帝都高速度交通営団銀座線

　銀座線は日本初の地下鉄として1927（昭和2）年に東京地下鉄道により上野駅～浅草駅間を開業したのに始まる。その後東京地下鉄道は1934（昭和9）年に新橋駅まで開業する。

　渋谷駅～新橋駅は東京横浜電鉄系の東京高速鉄道（2代）が1938（昭和13）年から翌年にかけて開業する。渋谷での東横線や玉川線との乗り換えと地形の関係から、ターミナルビルを建てその3階から発着させた。

　東京地下鉄道は京浜電気鉄道と京浜地下鉄道にて結ぶ計画があったため、東京高速鉄道との新橋駅での接続は難航、結局両社の株を東京横浜電鉄に買占められ、東横系となることで直通運転が行われた。その後、陸上交通事業調整法に基づく戦時統制により帝都高速度交通営団が発足し、1953（昭和28）年に銀座線の路線名称が付いた。

赤坂見附

赤坂見附駅は戦前の建設時から新宿方面の分岐駅として計画された二層構造となっており、丸ノ内線建築時に最大限活用された。銀座線と丸ノ内線の線路も接続しており、銀座線の車両検査も丸ノ内線に乗入れて中野工場で行われる。
◎1702　赤坂見附　1962（昭和37）年3月7日

表参道～渋谷

渋谷駅の東側、高架橋から掘割を抜けて地下区間に入る。右側の建物は1954 (昭和29) 年完成の宮益坂ビルディング、奥は1934 (昭和9) 年完成の東横百貨店。
◎【上の写真】1124 【下の写真】1689　表参道～渋谷　1957 (昭和32) 年4月5日

渋谷

東横百貨店の窓から。銀座線は明治通りを高架橋で越えて東横百貨店の3階の渋谷駅に発着する。奥の東急文化会館は1956（昭和31）年の完成、写真には写っていないが屋上にはプラネタリウムが建設されている。高架下を横切る都電の線路は単線だが、青山通りから金王坂を下り渋谷駅東口へ、宮益坂を登って青山通りに戻るループ線になっていた。今は東急文化会館の位置には渋谷ヒカリエが建ち、明治通りの高架橋部分に銀座線渋谷駅が移転してきている。
◎1711　渋谷　1962（昭和37）年4月22日

渋谷駅の西側には東京高速鉄道が建設した渋谷電車庫があった。写真右端に玉川線の線路があり玉川線は東横百貨店の２階から、銀座線は３階に発着していた。車庫は玉川線南側傾斜地の住宅地を買い取り、高架橋と掘割で建設されたが運転が３両編成で計画されていたこともあって狭小のため、何度か拡張工事が行われ工場部門は中野工場に集約して留置線に充てられている。現在は高架橋の更新を含め再開発され、渋谷マークシティが建てられている。銀座線はさらに西へ、玉川線の代替路線として二子玉川園駅まで延伸される予定だったが、その先の東急田園都市線との接続問題もあり、東急新玉川線・営団半蔵門線の建設計画に変わっている。
◎渋谷　1964（昭和39）年２月16日

ていとこうそくこうつうえいだんまるのうちせん

帝都高速度交通営団丸ノ内線

　丸ノ内線の原型になる計画は、初代の東京高速鉄道が大正期に新宿～大塚間の地下鉄建設を計画していた。その郊外線として計画されたのが小田原急行鉄道（現・小田急電鉄）で、地下鉄計画は関東大震災の影響で断念されていた。

　震災後の復興計画で先のルートの建設の必要性が示され東京市が免許を取得、しかし起債が出来なかったので免許の一部を東京高速鉄道（２代）に譲渡、これが現在の銀座線建設にも使われている。

　1941（昭和16）年に帝都高速度交通営団が発足、戦時中に新宿延伸工事を始めるが資材不足で中断する。

　戦後の答申で現在の丸ノ内線に近い中野富士見～新宿～池袋～向原のルートが示されたので、営団は所有免許の起業目論見を変更、1954（昭和29）年に池袋（仮）駅～御茶ノ水駅間で丸ノ内線が開業し、1959（昭和34）年までに新宿駅までが開業した。

　新宿以西は荻窪線の名前で建設され、1961（昭和36）年に一部が開業、1962（昭和37）年に方南町支線を含めた全線が開業、1972（昭和47）年に線名が丸ノ内線に統一された。向原方面は別に有楽町線の建設が決まり計画が引き継がれている。

茗荷谷～後楽園

◎610号車車内　1959(昭和34)年6月14日

丸ノ内線は春日通りに沿って走るが、小石川台地途中で茗荷谷のくぼ地に出て茗荷谷駅を設け、その南側の谷あいを地下鉄建設で出た土砂で盛土し小石川検車区を建設した。丸ノ内線用車用基地は中野富士見町に戦前から用意してあったが、山手線の外側の建設工事を先に進める訳にもいかず茗荷谷に車庫用地を求めた。丸ノ内線のさらなる輸送力増強で車庫用地は足りなくなったので、1958(昭和33)年より拡張工事と車庫・工場の立体化工事を開始し、1962(昭和37)年に完成している。
◎300形
茗荷谷〜後楽園
1959(昭和34)年2月8日

茗荷谷〜後楽園

茗荷谷駅からは小石川台地の端を通るルートが選択された。右上は中央大学のキャンパス、1958（昭和33）年に谷側へ留置線が建設される。
◎464　茗荷谷〜後楽園　1957（昭和32）年5月14日

御茶ノ水〜淡路町

御茶ノ水駅を出ると神田川を鉄橋（御茶ノ水橋梁）で渡る。丸ノ内線は当初の計画では神田を経由する予定だったが、建設が困難なため御茶ノ水から大手町に経路が変更された。この付近の神田川は江戸時代に掘られた区間で両岸は崖になっており、川の前後を深度の浅い開削工法で地下鉄を建設したため、神田川に斜めに架橋することになった。通過船舶の支障にならないように1スパンの下路函型鉄橋となっている。
◎325　御茶ノ水〜淡路町　1964（昭和39）年12月4日

後楽園

後楽園駅は小石川後楽園の北側の、小石川台地と白山台地の間の谷端川の谷間に作られたため、高架駅で建設された。トンネルに入ると中仙道に近い本郷三丁目駅に至る。
◎324　後楽園　1959（昭和34）年2月8日

四ツ谷

迎賓館東側の外堀通りから、すぐ後ろの歩道脇には都電の線路が通っている。この付近は外堀の真田堀が埋立てで土地が確保できたのと、国鉄四ツ谷駅との接続、外堀通りから甲州街道へ曲がる関係から外堀内の地上駅で建設されている。戦災瓦礫で埋められた真田堀の残りは上智大学のグラウンドになっている。
◎453　四ツ谷　1960（昭和35）年11月6日

荻窪

新宿駅～荻窪駅間は都電杉並線と並行して建設され、都電は地下鉄開業の1963（昭和38）年に廃止になっている。ホームに地下鉄路線図があるが、新宿から先の荻窪線部分は色が変えられているのが判る。下側の2線は日比谷線と都営浅草線、ともに人形町駅までが開業区間だった頃。
◎317　荻窪　1962（昭和37）年3月7日

中野坂上

中野坂上駅は車庫のある分岐線が分かれるが、道路用地幅で駅が建設されたため2面3線を確保するのが限界だった。分岐線の中野富士見町駅に中野検車区・工場があり、赤坂見附駅で接続する銀座線電車も検査のために入線する。
◎中野坂上　1961（昭和36）年8月19日

<small>ていとこうそくどこうつうえいだんひびやせん</small>

帝都高速度交通営団日比谷線

　日比谷線は輸送力が限界に近づいていた銀座線と混雑していた常磐線のバイパス線として、東急東横線と東武伊勢崎線と相互直通運転を行う事が決まり建設された。

　東京オリンピック開催までに開業の目標が建てられ、1961(昭和36)年に南千住駅～仲御徒町駅を開業したのを始まりに、1962(昭和37)年には北千住駅～人形町駅間になり伊勢崎線と相互直通運転を開始、1963(昭和38)年に東銀座駅まで、残された区間は1964(昭和39)年に小刻みに開業し、オリンピック開幕前に全線開業し東横線と相互直通運転も始まった。

小菅

東武伊勢崎線小菅駅に停車中の営団3000系、駅舎は築堤の反対側にある。右端の建物が小菅刑務所。1962(昭和37)年の北千住駅開業にあわせ4両編成化され、伊勢崎線は北越谷駅まで乗入れていた。1966(昭和41)年には乗入れが北春日部駅まで延長され、編成も6両編成になっている。
◎3021　東武伊勢崎線小菅　1964(昭和39)年7月15日

北千住

北千住駅の南千住駅側のホーム端から。北千住駅は東武線東側の貨物線のスペースにホームを建設し2面6線として、中央の2線が日比谷線用とされ、伊勢崎線下り線を乗越すために構内途中から勾配になっている。南千住駅〜北千住駅間は南千住駅が高架で建設されたのと隅田川架橋の問題もあり地上線で建設されている。電車右側は伊勢崎線用の待避線ホーム。まだ国鉄線との間には貨物用側線があり幅を取ることが出来なかったので、本線と待避線ホームが直列にならんでいる。北千住駅の貨物扱いが無くなったのは1981(昭和56)年。
◎3029　北千住　1964(昭和39)年7月15日

南千住

南千住駅の北千住駅方。国鉄隅田川貨物駅（南千住駅東側に隣接）に接続して国鉄隅田川用品庫があり、営団日比谷線はその用品庫の土地を転用して千住検車区を建設する事になったのと、駅部分も国鉄用地の転用を受けたため、南千住駅は高架駅として建設された。しかし用地の関係で国鉄南千住駅よりホームが南にずらされている。電車は3000系が用意され、1961（昭和36）年の開業時は2両編成、その後4・6両と編成が伸ばされ、1971（昭和46）年に千住検車区の拡張工事が完了し、8両編成に伸ばされている。また運用車両の増加により東武西新井電車区の用地を譲受け、1966（昭和41）年に竹ノ塚検車区が建設されている。
◎3015　南千住　1961（昭和36）年10月31日

南千住駅の三ノ輪駅方。写真左手に広がる隅田川貨物駅の西端を横切るため高架橋になっており、線路を避けるため橋脚に渡したビームに架橋されている。それを過ぎると半径160mの急曲線・40‰の急こう配で地下線に入る。写真右側を走るのは常磐線列車。常磐線の松戸駅までは戦前に電化されていたが、直流電化区間は取手駅まで延伸されたものの、その先は柿岡地磁気観測所への影響を避けるため1961 (昭和36) 年に取手駅以北は交流電化された。しかし牽引するEF80形機関車の設計・製作が遅れたため、1963 (昭和38) 年まで蒸気機関車の牽引で残っていた。その後も成田線から上野駅直通列車は1969 (昭和44) 年まで蒸気機関車の牽引で残されている。
◎3006　南千住　1961 (昭和36) 年4月1日

中目黒

日比谷線はオリンピック開催に間に合わせるため突貫工事が行われ、1964（昭和39）年3月に霞ケ関駅〜恵比寿駅間が、7月に東急中目黒駅が2面4線に拡張され恵比寿駅〜中目黒駅間が開業、8月に並行して作る地下自動車道路との調整の関係で建設が遅れた東銀座駅〜霞ケ関駅間が開業し日比谷線が全通、東横線日吉駅まで相互直通運転が開始された。写真は全通3日前の中目黒駅。全通前は千住検車区側から車両を送れないので、東横線菊名駅経由で車両を搬入している。恵比寿駅までの開業の際は、工事中の中目黒駅構内に仮線を敷いて地下鉄線内に車両を送り込んでいる。
◎3046
中目黒
1964（昭和39）年8月26日

秋葉原

三ノ輪駅手前で地下区間に入った日比谷線は昭和通りを南下、秋葉原駅から水天宮通りに入り人形町駅に向かう。その先はなるべく既設の道路下に建設を進めたため、半径127m最急カーブが存在する曲線区間となっている。入谷駅付近以南の昭和通りを通る区間は、首都高速1号上野線と同時施工され、地下鉄構造物が高速道路構造物を支える構造になっている。電車の3000系は4両編成化されているが、正面はスカートが付いたままで連結器はその中に収納されている。
◎3012
秋葉原
1962(昭和37)年6月30日

ていとこうそくどこうつうえいだんとうざいせん

帝都高速度交通営団東西線

東京中心部を東西に横切る地下鉄建設の計画は戦前まで遡るが、国鉄中央線と総武線の混雑緩和を含め両線と相互乗り入れを行う事で建設が決まった。

1964（昭和39）年に高田馬場駅〜九段下駅間を初めとして、1966（昭和41）年に中野駅まで開業して中央線への乗り入れを開始、西船橋駅方は新東京国際空港関連事業計画として開通が急がれ1969（昭和44）年に全線が開業し、総武線と相互直通運転が始まった。

葛西

東西線は快速運転を行うために当時、葛西・原木中山駅には待避線が設けられた。快速線を通過する5000系。
◎5001　葛西　1975（昭和50）年5月10日

ていとこうそくどこうつうえいだんちよだせん

帝都高速度交通営団千代田線

　千代田線は「喜多見方面より原宿、永田町、日比谷、池ノ端及び日暮里を経て松戸方面に向かう路線」として答申され、営団地下鉄が綾瀬駅～代々木上原駅間を建設する事になり、1969（昭和44）年に北千住駅～大手町駅間をはじめとして、1971（昭和46）年に綾瀬駅まで開業し常磐線との相互直通運転が始まった。
　小田急線との相互乗り入れは建設工事の遅れから1978（昭和53）年に開始している。

馬橋

千代田線開業時は6000系が試験段階だったこともあり、1981（昭和56）年まで東西線用と同じ5000系が千代田線仕様にして使われていた。
◎5000系　国鉄常磐線馬橋　1973（昭和48）年6月3日

とうきょうものれーる
東京モノレール

　日立製作所がドイツの技術と提携した跨座型アルウェーグ式モノレールは、既設市街地に建設する際に占有面積が少なく高架構造物を小さくできるため、1964(昭和39)年の東京モノレール開業時に本格的営業路線として採用された。

　建設に先立ち1962(昭和37)年に名古屋鉄道が犬山遊園への交通手段としてモノレール線を開業、この実績が東京モノレールに生かされ開業時は名鉄も経営に参加していた。開業時は途中駅は無く利用は空港利用者に限られ、まだ飛行機を利用することが一般的で無かった当時は利用客も少なく、また経由地を運河に求め建設費が嵩んだ事から開業後の経営は苦しく、名古屋鉄道は経営から撤退し日立グループで経営を繋いでいく状況になり、1967(昭和42)年に日立運輸東京モノレールに改称している。

　1970年代に入ると飛行機利用客や途中駅の設置で利用客も増え、1981(昭和56)年にモノレール専業の東京モノレール(2代目)を設立して事業を譲渡、羽田空港のアクセス路線として活躍し、2002(平成14)年からはJR東日本の傘下となっている。

◎100形　浜松町〜羽田空港　1965(昭和40)年1月10日

東京モノレール沿線地図

建設省国土地理院「1/50000地形図」
東京東南部：昭和52年第2回編集
東京西南部：昭和52年第2回編集

浜松町〜羽田

香取橋からモノレールの線路を望む、写真右下の橋は鹿島橋。東京モノレールは新橋を起点で計画されたが用地が確保できず、浜松町駅西側にあった東京都交通局大門工場の跡地を起点に、国鉄の竹芝桟橋への貨物線の上を通り、田町駅手前から運河の上を通り東品川の埋立地に向かう。
◎110　浜松町〜羽田　1965（昭和40）年1月10日

霞橋から芝浦橋方向を望んでいる。開業時に用意された車両は、3両編成と6両編成の2種類が用意され、3両編成は浜松町向きが奇数・羽田方が偶数車の先頭車100形と中間車200形で構成され、先頭車は10.3m・中間車は8.8mの車体で2軸台車を装備している。
◎107　浜松町〜羽田　1965（昭和40）年1月10日

浜松町〜羽田

芝浦橋から霞橋方向を望む。運河の先に見える塔状の構造物は、東京ガス芝浦供給部の施設で今は港区立芝浜小学校と芝浦公園になっている。東京タワーは高層ビルが立ち並び現在は見えない。開業時の6両編成は浜松町方から300形（奇数）+200形+350形（偶数）-350形（奇数）+200形+300形（偶数）の編成を組み、300形は全長10.8m流線形の先頭車、350形は切妻の簡易運転台を持つ中間車。3両1ユニット構造で350形側は100形の3両編成とも連結運転できた。（90ページ下の写真左側）
◎302
浜松町〜羽田
1965（昭和40）年1月10日

芝浦橋の上を越える区間。芝浦橋は掛け替えられたが左手に見える芝浦三丁目のバス停の位置や、モノレールの橋脚は変わっていない。
◎100形
浜松町〜羽田
1965（昭和40）年1月10日

羽田整備場

羽田整備場(現・整備場)駅は1967(昭和42)年に開業。拡張前の羽田空港整備場の東側に設けられたがモノレールは道路上に軌道があったため、ホームからは階段を降りて歩道橋を渡り、交差点東側に設けられた駅舎に接続している。到着する右側の車両は500形。1969(昭和44)年に登場し、それまの10m車体2軸台車から、15m車体ボギー台車構造にした大型車。奇数車+偶数車の2両1ユニットを組合せ4〜6両編成で運転される。赤と白の塗装は500形で採用され100形や300形も塗り替えられている。
◎112 508
羽田整備場
1970(昭和45)年5月15日

大井競馬場前

大井競馬場前駅は勝島にある大井競馬場の西側京浜運河上に1965(昭和40)年に競馬開催時の昼間時のみ営業の臨時駅として開業、1967(昭和42)年に通常営業の駅となった。東京モノレールは用地確保が出来た港南や東品川地区、平和島・昭和島以外の区間は運河の上に建設された。勝島南運河を渡り平和島に向かう区間。電車の600形は、開業時の車両を置換えるために1977(昭和52)年から登場した500形の改良型。
◎613
大井競馬場前
1979(昭和54)年12月12日

穴守信号所

整備場前駅を出て勾配区間にある穴守信号所で単線になるため、跨座式モノレールの分岐器が地上近くに設置されていた。初代の羽田空港トンネルは建設断面を小さくするため単線構造で建設され、羽田駅はオリンピック開催にあわせ拡張されたターミナルビル地下に設けられた。この付近は羽田空港沖合展開による新ターミナル設置に伴い、写真左側に新線（現在線）を建設し1993（平成5）年に移設、在来線は廃止となった。廃止となった羽田駅は現在のB滑走路南端付近になる。
【93ページの写真】◎100形　穴守信号所　1964（昭和39）年10月3日
【92ページの写真】◎羽田モノレール可動桁分岐器　1964（昭和39）年10月3日

日本交通公社時刻表(昭和40年12月号)

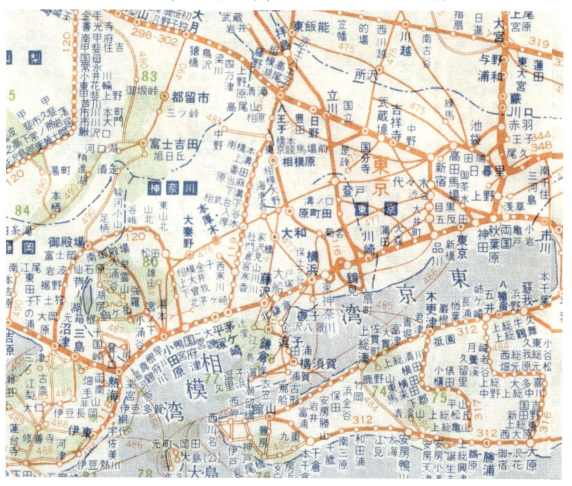

第4章
神奈川県

・川崎市交通局
・横浜市交通局
・江ノ島鎌倉観光鉄道
・湘南モノレール
・伊豆箱根鉄道大雄山線

かわさきしこうつうきょく

川崎市交通局

　戦時中の京浜工業地帯への産業戦士輸送のため川崎市は川崎駅を中心として浜町から桜本・塩浜を回り、当時東急だった大師線を経由して川崎駅へ戻る環状運転の路面電車を企画。しかし東急側の反対により将来の環状化を目指し起点は大師線ホームを中心に置くものの、大師線を延伸して桜本までを東急が、西側を川崎市が建設する事になり、1944(昭和19)年市電川崎〜渡田五丁目間が開業、戦災を受けながら浜町三丁目まで戦時中に延伸し、戦争が終わってから桜本へ到達した。

　戦後は工業地帯への貨物輸送のため市電の線路敷を利用して国鉄の貨物輸送を開始、利用客の少なかった塩浜〜桜本間は東急から川崎市へ移管された。また当時運行コストが安かったトロリーバスが環状区間の中心を縦貫し川崎市の工業地帯の輸送を担った。

　昭和30年代に入ると国鉄塩浜操車場の建設が決まり、線路が交差する川崎市電と京急大師線はその手前で打ち切られ海岸側は廃止に、さらに毎年の累積赤字に苦しんでいる状態で「交通事業再建に関する答申」が出され、固定費が少ないバスに転換されることになり、1967(昭和42)年にトロリーバスが廃止。路面電車も1969(昭和44)年に廃止となった。

川崎市交通局沿線地図

建設省国土地理院「1/25000地形図」
川崎：昭和35年修正

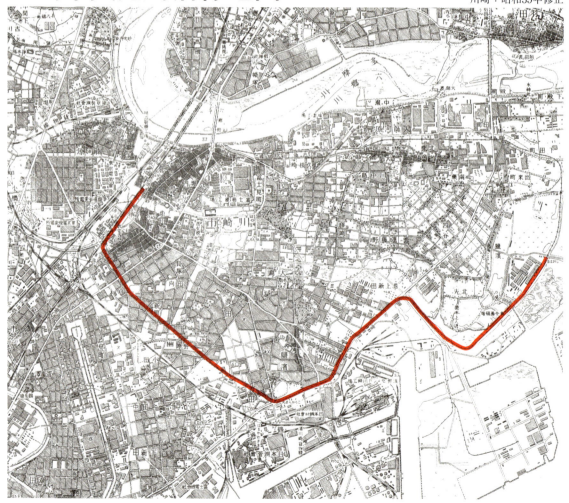

市電川崎

川崎駅前の乗り場の変遷は激しく、1944(昭和19)年の開業時は新川通りの南側(後の川崎駅前停留場)の位置に市電川崎を置いたが、1946(昭和21)年に300mほど延長し京浜川崎(現・京急川崎)駅前に省線川崎駅前を設けた。この時に市電川崎は新川通りの北側へ移動する。その後1949(昭和24)年に市電川崎と省線川崎駅前の停留所名を入替え、1950(昭和25)年に路上混雑緩和の道路設置のため、市電川崎は市役所通りの南側に移動している。以前の乗り場は「市電のりば」の書かれた塔の向こう側、市役所通りの先になる。建築中の建物は増床工事中の小美屋デパート。
◎207　市電川崎　1956(昭和31)年6月15日

川崎駅前

川崎駅前停留所の塩浜方面乗り場の位置から。新川通り北側の位置に市電川崎の停留所が移転したのは1946(昭和21)年、省線川崎駅前に改称されたのが1949(昭和24)年、川崎駅前への変更は1951(昭和26)年だった。市電川崎から上並木までの間は戦時中の防火帯の設置にあわせ、京浜電車に接した土地を線路敷にしたので専用軌道となっている。左側の線路が京急本線で、奥に電車が停まっている位置が京浜川崎(現・京急川崎)駅、左側端の建物は1959(昭和34)年に完成した国鉄川崎駅の民衆駅ビル。この区間は京急本線高架化の仮線用地を提供するために1963(昭和38)年に廃止され、初代市電川崎のあった位置に川崎駅前停留所が移転している。
◎301　川崎駅前　1960(昭和35)年11月20日

1963（昭和38）年に川崎駅前停留所は新川通りの南側に移転した。撮影場所は停留所を出てダブルクロスを渡った先。右側に斜めに入っていく道路が現在のチネチッタ通りで、開業当時は古川車庫がここにあった。1964（昭和39）年にさくら通の整備で併用軌道上の停留場に移転することになる。電車の2代目200形は、木造車のまま残っていた初代200形と300形を種車に東洋工機・東横車輛で車体更新したもの。203号は301号を種車に1962（昭和37）年に東横車輛で更新された。

◎203　川崎駅前　1963（昭和38）年11月17日

成就院前

上並木から先の市電通りは、戦時中に計画された道路上に線路が敷かれた。同時期に第一京浜道路も整備されている。戦時中の建設もあり道路中央を専用軌道で敷かれ線路間隔を広く取りセンターポールの区間もあったが、戦後併用軌道に改修されていく。また渡田五丁目まで開業した際は、途中停留所（第一国道・成就院前・軍需工場前）は通過扱いで後に停車するようになる。川崎駅前にあった渡田車庫が区画整理で移転の必要が出ると、成就院前に渡田車庫が設けられた。電車の位置で車庫線が右へ分岐しており、架線を支えるためトラスビームになっている。
◎701
成就院前
1959（昭和34）年1月31日

渡田車庫

渡田車庫は1953(昭和28)年に古川車庫が移転してきたもの。スペースは広がり4線車庫と留置線1本を備えていた。出入庫は川崎駅前方面と塩浜方面の両方に出庫できるようになっており、定期的に電車の向きを変えて車輪の片摩耗を防いでいた。手前に伸びる線路が塩浜方面につながっており、渡田車庫設置前もここにデルタ線が設けられ車両の向きを変えていた。
◎502　301
渡田車庫
1959(昭和34)年1月31日

日本鋼管前

市電通りを進み産業道路との交差点に設けられたロータリー（未完成で普通の交差点に改築）の中央を通過し、専用軌道上の日本鋼管前へ出る。渡田五丁目は交差点手前に位置していたが1945（昭和20）年の鋼管通り（後の日本鋼管前）への延伸の際に廃止されている。電車は500形で、1949（昭和24）年に川崎市電初の新製車として、都電6000形初期車と同型車が日本鉄道自動車で２両製造された。尾灯が屋根肩にあるのが都電との相違点。
◎501
日本鋼管前
1956（昭和31）年６月15日

日本鋼管前の東側で国鉄浜川崎駅からの側線が合流し3線区間となる。1946(昭和21)年から行われた大師線の貨物輸送は、日本鋼管内の専用線を経由していたが、日本鋼管側の都合で工場内を通れなくなったため、1948(昭和23)年に市電の線路敷を使い大師線に接続したもの。当初は上り線側だけを3線軌条にして、貨物列車は終電後の深夜に行われた。
◎607
日本鋼管前
1960(昭和35)年11月20日

浜町三丁目

日本鋼管前から桜本にかけては産業道路に沿って走り、高圧鉄塔と一体となった架線柱が使われており、浜町三丁目には折返し用の渡り線が設けられている。後ろの工場群は、左側が日本鋼管大島工場、右側が日鉄高炉セメント。電車の300形は元・王子電気軌道引継ぎ車の都電150形154と170形176を1947（昭和22）年に譲渡を受け、301と302としたもの。王電時代はどちらも200形だったが、都電になった時に田中車輌製が150形、日本車輌製が160形、川崎車輌製が170形と形式が分けられていた。
◎301
浜町三丁目
1956（昭和31）年6月15日

日本鋼管前～浜町三丁目

貨物輸送が増大してくると深夜の輸送では運びきれなくなり、1954（昭和29）年からは日中の貨物列車の運転が開始された。それに先立ち下り線の3線軌条・自動信号機の設置・単線区間の入江崎に交換設備を設置・桜橋付近の専用軌道化が行われ、またC11クラス重連に対応するため橋梁の強化も行われた。
◎601
日本鋼管前～浜町三丁目
1956（昭和31）年6月15日

池上新田

桜本～塩浜間は東京急行電鉄大師線として建設されたが、京浜線(現・京急本線)の昇圧後、600Vで残された大師線を1951(昭和26)年に昇圧する際に、末端区間の塩浜～桜本間は昇圧せずに川崎市電を乗入れる事として対応、翌年この区間は川崎市に買収された。池上新田停留所は市営化時に踏切手前に設けられた。道路には川崎市営のトロリーバスが通っているので絶縁区間がある。電車の200形は、川崎市電開業時に東京都電木造ボギー車の1500形の譲渡を受けたもの。201～205(初代)は川崎大空襲で全車被災し、終戦後に復旧名義だが別の都電1500形に振替えられ201～205(2代)となった。続けて1947(昭和22)年に206～208が、1948(昭和23)年に209～211も譲渡されている。208が廃車になった以外は、600形・700形・2代目200形に更新されている。
◎207
池上新田
1959(昭和34)年1月31日

桜橋

1964（昭和39）年に国鉄塩浜操車場（現・JR貨物川崎貨物駅）が開業し、東海道本線貨物支線の浜川崎駅～塩浜操車場間を建設するにあたり、川崎市電の上り線を撤去してその用地を転用。日本鋼管前以遠を単線化された市電は桜橋に交換設備を設置、先の貨物線と交差する池上新田～塩浜間は廃止されることになった。奥の電車が停まっている位置が桜橋停留所。貨物線の方は桜橋付近から塩浜操車場間は市電の線路から離れて建設されている。電車の600形は1952（昭和27）年に完全新車の601と602が、1953（昭和28）年に200形の部品を流用した603～607が日本鉄道自動車で製造された。間接自動進段制御器でパンタグラフを備えていたが、1959（昭和34）年にＺパンタに換えられている。
◎604
桜橋
1965（昭和40）年3月4日

川崎市電の線路を使った国鉄貨物輸送は、日中の運転が行われるようなると最大で時間1本が浜川崎機関区のC11蒸気機関車単機か重連けん引で、400tの列車が運転されていた。貨車は途中で分岐する日立造船や市営築港方面、大師線の味の素や日本冶金へ送られたが、1964(昭和39)年に塩浜操車場が完成すると、各工場への専用線は塩浜操車場接続のものに付替えられた。
◎国鉄C11 281貨物
入江崎
1963(昭和38)年11月17日

入江崎

入江崎停留所は東京急行電鉄大師線（現・京急大師線）の駅として1944（昭和19）年に開業し、1951（昭和26）年に川崎市電の運転に変わった。当初は交換有効長40m強の駅で片側のみ貨物通過用の3線軌条になっていたが、1954（昭和29）年に貨物列車同士が交換できるように、有効長を230mに延伸し両側とも3線軌条に改良した。ホームは反対側の分岐器付近にある。電車の500形は塗装変更のあと、1963（昭和38）年に不燃化とZパンタ化が行われた。
◎502
入江崎
1963（昭和38）年11月17日

塩留橋～塩浜

塩留橋停留所を過ぎて橋を渡った塩浜寄り、遠くに塩浜駅が見え、写真右側にある千鳥運河は完成していたが内陸側の埋立ては始まった所だった。電車の700形は、木造車の200形を種車に1954(昭和29)年に日本鉄道自動車で製造、性能は600形と同一だが、扉配置が左右非対称とされ形式が分けられた。屋根には換気装置とパンタグラフが付けられたが、後にZパンタに交換されている。後に更新工事で乗降扉が車端に寄せられた。
◎703
塩留橋～塩浜
1959(昭和34)年1月31日

塩浜

塩浜停留所の南側。電車左側の線路と高床ホームは京急大師線塩浜駅のもの、その向かいに市電の低床ホームがあり、国鉄の貨物線だけが大師線の下り線へ繋がっていた、右側に分かれる線路は市営築港に向かう貨物線。電車の302号は新塗装に塗り替えられたが、1962(昭和37)年に新204号に更新されることになる。
◎302
塩浜
1960(昭和35)年11月20日

111

よこはましこうつうきょく

横浜市交通局

　横浜市の路面電車は1904(明治37)年に横浜電気鉄道が神奈川～大江橋間を開業したのに始まる。その後本牧線・久保山線・弘明寺線を開業するが、資金不足で延伸は困難になっていたため、1921(大正10)年に横浜市電気局が設立され横浜電気鉄道を買収、逗子・間門・久保町線から整備を行う事になった。

　整備中の1923(大正12)年に関東大震災が発生し市電も甚大な被害を受ける。先の3線の建設資材で被災路線の復旧を行い、震災復興計画で1930(昭和5)年にかけ、生麦・間門・六角橋・浅間町・久保町・日の出町・本町・長者町・杉田の各線が開業している。

　しかし横浜市は復興財源を外債で行ったため、為替変動で償還が滞り新線建設は中断。財政が改善した頃には戦争が始まりまた甚大な被害を被った。

　1946(昭和21)年に横浜市交通局に改称、1952(昭和27)年に地方公営企業として独立。1956(昭和31)年の井土ヶ谷線開業、1958(昭和33)年の1600形新造までが全盛期だったが、料金値上げは抑制され、次第にモータリゼーションの進行で定時運行も困難になり累積赤字が増大。1966(昭和41)年に財政再建団体に指定され「再建整備5か年計画」が策定。地下鉄の整備のため赤字の市電を順次廃止することになり、1972(昭和47)年に横浜市電は全廃された。

横浜市交通局沿線地図

建設省国土地理院「1/25000地形図」
横浜東部：昭和20年修正

横浜市交通局沿線地図

建設省国土地理院「1/25000地形図」
横浜東部：昭和41年改測　横浜西部：昭和37年修正

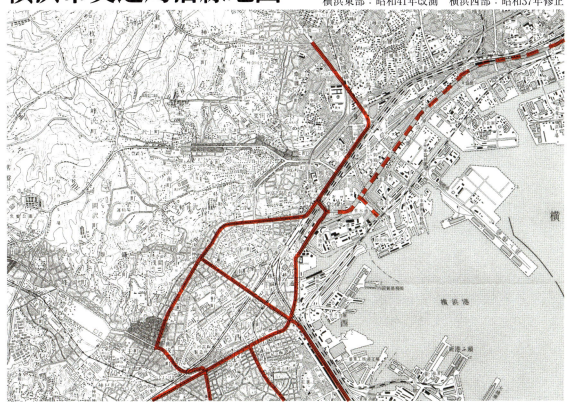

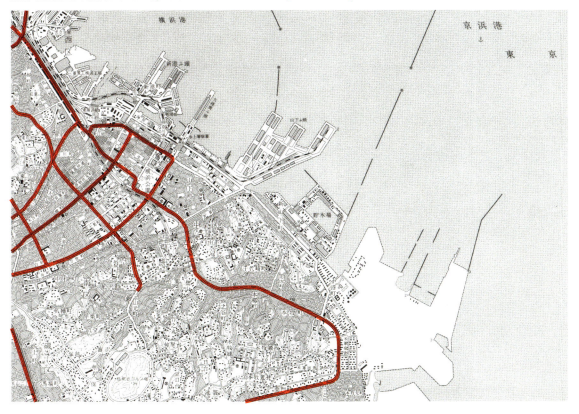

横浜市交通局沿線地図

建設省国土地理院「1/25000地形図」
横浜東部：昭和41年改測　本牧：昭和37年修正
横浜西部：昭和37年修正　戸塚：昭和37年修正

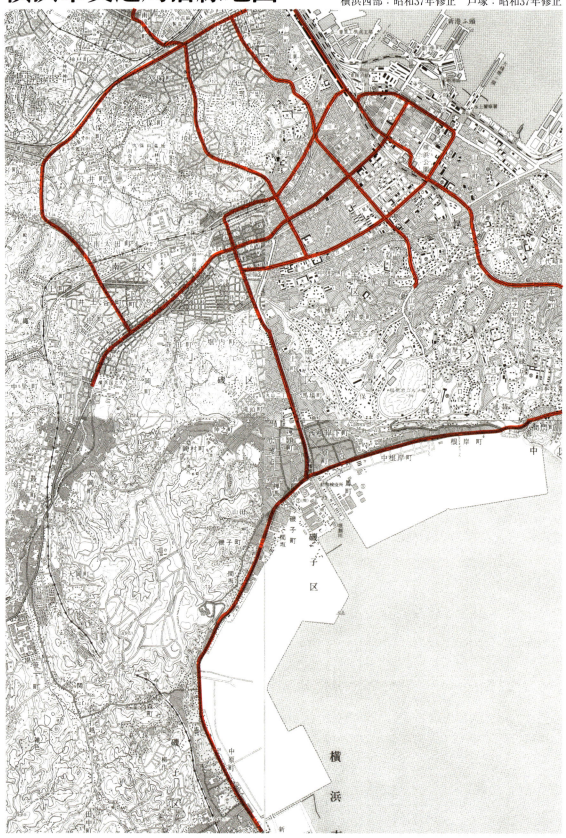

東白楽

東急東横線東白楽駅の西側に東白楽停留所があった。六角橋線は1928(昭和3)年に開業するが、当時の東横線は地平を走っていたため踏切の前後で線路は途切れており、白楽(後の東白楽)停留所で徒歩連絡をしていた。1930(昭和5)年に東横線が高架化されると線路は接続し、六角橋まで直通運転されるようになる。1系統は六角橋から横浜駅前〜保土ヶ谷駅を経由して弘明寺へ、折返し尾上町から横浜駅前を通り六角橋へ戻る系統だった。
◎1016　東白楽　1958(昭和33)年10月19日

反町

京浜急行神奈川駅の北側、六角橋線は震災復興で作られた道路上に線路が敷かれ、国鉄東海道本線に沿った国道1号を走る区間。電車の奥に反町停留場が見えている。電車の500形は震災復興の路線開業にあわせ1928（昭和3）年東京瓦斯電気・蒲田車輛・雨宮製作所で各20両製造。9系統は六角橋から横浜駅西口を経由し久保山から浦舟町へ。12系統は1系統の逆回り。
◎505　1156
反町
1961（昭和36）年3月22日

新子安

新子安停留所の東側の京浜国道、この区間は震災後の復旧とあわせ京浜国道も拡幅され1928（昭和3）年に開通している。生麦終点には車庫が設けられたが、建設当時は横浜市外の鶴見町だったため手前の市境界の位置に生麦停留所が置かれた。その後鶴見町が横浜市に併合され鶴見区になったため、車庫線を利用し生麦停留所が東に移転している。電車の1150形は、1500形と同じ車体を持ちながら手持ちの電装品を使用し製造費を抑えた。1952（昭和27）年は宇都宮車輛（後の富士重工宇都宮工場）とナニワ工機（後のアルナ車両）で1151～1160が製造された。2系統は生麦から横浜港に沿って本牧一丁目を結んでいた。
◎1158
新子安
1958（昭和33）年10月19日

中央市場

横浜中央市場は1931（昭和6）年に開場するが、市電の中央市場線は1948（昭和23）年に貨物営業線として開業。翌1949（昭和24）年に旅客営業を開始している。中央市場停留所を出て万代橋を渡る。停留所の位置から右側に分岐する線が市場内に通じる。中央市場線開業に合わせ市内に食料品を届ける電動貨車も用意されたが、昭和30年代初めにはトラック輸送に変わっている。7系統は中央市場から横浜駅前〜久保山〜浦舟町を経由し八幡橋へ向かっていた。
◎503
中央市場
1958（昭和33）年10月19日

神奈川会館前〜中央市場

中央市場線は途中で1917(大正6)年開業の東海道本線の鶴見駅〜高島駅間の貨物支線の下をくぐる。この区間は1917(大正6)年の開業。横浜中央市場の開場にあわせ、線路の下をくぐるガードが作られている。この付近の貨物支線は鶴見駅からの複線と、東神奈川駅と東高島駅からの線路が加わり4線区間となっていた。中央市場線は横浜市電の中で単線で建設された。
◎705
神奈川会館前〜中央市場
1963(昭和38)年9月7日

横浜駅前

国鉄横浜駅は1928(昭和3)年に現在地へ移転して、横浜市電も駅前に停留所が設けられた。駅前には1921(大正10)年に神奈川県匡済会により横浜社会館が建てられていた。震災・戦災を潜り抜け、戦後は横浜新興倶楽部となり、1977(昭和52)年に解体されている。電車は600形で、戦災を受けた500形を三菱重工横浜造船所で復旧し601～615が1947(昭和22)年に製造された。
◎612　横浜駅前　1963(昭和38)年9月7日

横浜駅前停留所から東側を望む。以前のバス乗り場は横浜駅駅舎の北側にあり、写っているバスは待機場に停まっている。
◎1306　横浜駅前　1963(昭和38)年9月7日

横浜新興倶楽部の北側には、1968(昭和43)年にスカイビルが建設され歩道橋を設置、停留所は歩道橋から接続した。
◎1152　横浜駅前　1970(昭和45)年5月12日

高島町

高島町には1915（大正4）年に移転した2代目横浜駅があり、横浜電気鉄道も1916（大正5）年に横浜ステーション前停留場を開業させている。関東大震災で横浜駅は倒壊し、復旧時に現在の3代目横浜駅に移転し、元の駅前は交差点と停留所が見直され高島町停留所に整理された。2代目横浜駅は写真左側にあって駅前を高島貨物駅からの高架橋が保土ヶ谷方面に伸びており、桜木町駅への線路は地平を走っていた関係で神奈川方面の路面電車はその東側を走っていた。駅移転後も変則の5差路となり、電車も4方向に向かうので交差点脇に信号塔が建てられポイントの操作を行っていた。4系統は本牧一丁目から北上し高島町へ、ここから西へ向かい保土ヶ谷橋へ向かった。
◎1155　高島町　1958（昭和33）年10月19日

桜木町駅前

桜木町駅前は初代横浜駅のあった場所、横浜電気鉄道は1904(明治37)年に大江橋(後の横浜停車場前→桜木町駅前)から神奈川停車場前(後の青木通)を開通させたのに始まる。電車の後は東急東横線の桜木町駅、東京横浜電鉄が1932(昭和7)年に国鉄線を移転させ、空いたスペースに単線で開業、1956(昭和31)年に歩道上に高架橋を設けて複線化している。桜木町駅前から西に向かう日の出町線は、震災復興計画で1929(昭和4)年に開業している。12系統は1系統の逆回りで、先に桜木町駅前から弘明寺へ向かう。
◎530　602　桜木町駅前　1963(昭和38)年9月7日

羽衣町

関内駅北口の前。根岸線は大岡川の上に建設され電車が渡る橋が羽衣橋、停留所は写真左(西)側にある。この付近の大岡川には首都高速横羽線が建設され、現在は新横浜通りとなっている。電車の1500形は車両の高速化と防音防振対策を施し、1951(昭和26)年に日立製作所で1501～20が製造された。新製時は122ページの写真の1150形と同じ塗装だったが、1961(昭和36)年以降に黄色の警戒色となる。1500形は正面車番の下に角型のストップランプを装備する。
◎1520　羽衣町　1964(昭和39)年5月24日

長者町五丁目

長者町五丁目交差点の東側、電車が通過する交差点が現在の横浜吉田中学校前の交差点。この区間の羽衣町線は横浜電気鉄道時代の1911(明治44)年の開業だが、震災復旧で羽衣橋が1928(昭和3)年に架けられ線路が直線的に付替えられた。それ以前は曲がって北側の吉田橋で大岡川を渡っていた。電車の1200形は、紀元2600年を記念して1940(昭和15)年に木南車輌で2600形2601～05として製造された戦前最後の大型ボギー車で、戦後改番されている。13系統は桜木町駅前から阪東橋～浦舟町～八幡橋を経由し杉田を結んでいた。
◎1204　長者町五丁目　1967(昭和42)年1月10日

花園橋

花園橋停留所の南側、大岡川に架かる花園橋を渡る、オーバークロスする線路は国鉄根岸線。花園橋は震災復旧で1928（昭和3）年に架けられ、花園橋線が山下町まで延伸されている。電車の1000形は1928（昭和3）年に横浜市最初のボギー車のL型1000～19として蒲田車輌と雨宮製作所で製造された。戦後1000形になり1000号は1020号に改番されている。8系統は杉田から本町一丁目～桜木町駅前と回って葦名橋へ戻る循環系統だった。
◎1011　花園橋　1964（昭和39）年5月24日

市庁前～花園橋

市庁前のクランクを曲がり横浜公園の北側、少し進んだ先が127ページ上の写真の位置になる。電車の1150形のうち1953（昭和28）年製造のグループは側窓上段がHゴム固定になり1161～1170が製造されている。右側の車はマツダB360、1963（昭和38）年のマイナーチェンジ型。
◎1169　市庁前～花園橋　1964（昭和39）年5月24日

横浜公園の西側、左側の建物が改築前の横浜球場。電車の1100形は1936(昭和11)年のM型1100〜1104で、セミクロスシートを備えていた。戦時中の座席半減から戦後はロングシートにとなる。1100号は戦災復旧時に1105に改番されている。
◎1101　花園橋　1964(昭和39)年5月24日

霞橋は昭和3年に竣工した鉄筋コンクリートアーチ橋。その下に久保山停留所があった。写真左側の公衆便所は現在も残っている。
◎519　久保山　1958（昭和33）年10月19日

元町

横浜電気鉄道は1905(明治38)年に西ノ橋まで延伸される。西ノ橋は1893(明治26)年にピントラス橋の道路橋が架けられていたので、電車線は専用橋で堀川を渡っていた。大正期に元町に改称されたあと、1926(大正15)年に震災復旧で鋼ヒンジアーチ橋に架け替えられ、道路と併用橋となった。電車の1600形は1957(昭和32)年に局工場で1601〜06が製造された。丸みを帯びた車体にドアは左右非対称の折戸とされ、正面窓と方向幕が拡大されている。
◎1606　元町　1963(昭和38)年9月7日

久保山

霞橋の上から西方向を望む。この区間の開業は1913(大正2)年だが、1928(昭和3)年に道路が拡幅され霞橋も架け替えられた。
◎1517　久保山　1958(昭和33)年10月19日

麦田町

横浜電気鉄道は1911（明治44）年に本牧（後の本牧三渓園前）まで延伸するが、海岸線まで山が迫っていたため西ノ橋から専用軌道の隧道で本牧に向かった。隧道を出た所に桜道下停留所が設けられていたが、1928（昭和3）年に麦田町に改称されている。11系統は六角橋を起点に横浜駅前～花園橋～本牧～葦名橋の系統だった。市電廃止後は道路の第二山手隧道に改築され本牧通りの南行き車線となっている。
◎1327　麦田町　1957（昭和32）年6月9日

1928(昭和3)年に震災復旧で線路の西側に山手隧道が掘られ本牧通りが開通した。麦田町停留所はその道路に合流する手前にあり、道路上で折返し西側に麦田車庫があった。電車の400形は1925(大正14)年に300形の310～329として東京瓦斯電気で製造され、1926(大正15)年に400形400～419に改番されている。420～431はその増備車で1926(大正15)年に横浜船渠で製造された。エアブレーキを装備するが、車体は300形同様のダブルルーフの木造車。1966(昭和41)年まで使用された。
◎420　麦田町　1963(昭和38)年9月7日

弘明寺

弘明寺は横浜電気鉄道時代の1914（大正3）年の開業。中村川筋の吉野橋からは専用軌道だったが、震災復興で鎌倉街道が拡幅され道路上の併用軌道となった。停留所は弘明寺参道交差点の北側に設けられ、写真停車位置で降車扱いのち前進、写真右側にある乗車場へ移動した。10系統は桜木町駅前を起点に鎌倉街道を弘明寺へ進む。1系統と12系統は弘明寺で折返し六角橋へ戻る循環系統。
◎1202　弘明寺　1959（昭和34）年4月24日

本牧三溪園

三溪園は本牧にある製糸生糸貿易の実業家・原三溪が造った日本庭園。1911（明治44）年に横浜電気鉄道は本牧まで路線を延長するが、この時の終点は写真の位置よりも北側、現在の本牧原バス停付近にあった。その後横浜市電となり1924（大正13）年に間門まで延伸。その先杉田線の八幡橋までつながるのは1955（昭和30）年だった。しかしこの区間は国鉄根岸線が1964（昭和39）年に開通したこともあり、再建整備5か年計画の中で1968（昭和43）年に本牧三溪園〜八幡橋間は廃止。現在の本牧バス停付近に停留所が移設された。しかし撮影の1970（昭和45）年7月には本牧線は全線で廃止される。道路向こう側の建物は横浜海浜住宅と呼ばれた米軍の住宅地。1981（昭和56）年に返還されるまで、フェンスの向こう側は米国だった。
◎1152　本牧三溪園　1970（昭和45）年5月12日

戸部警察署前～西平沼橋

京浜急行戸部駅前、駅は写真右（南）側にある。隣接地には市電の停留所は設けられておらず、西（写真左）側の西平沼橋か、信号の向こうの戸部警察署前が最寄りの停留所となる。戸部警察署は道路左側の茶色の建物、1966（昭和41）年までは石崎町と名乗っていた。電車の1300形は1946（昭和21）年に運輸省の割当車として3000形3001～3030が汽車会社東京支店で製造された。車体は大阪市1711形と同タイプの大型車。1948（昭和23）年に1300形に改番を実施している。1000形1200形1300形の大型車は1951（昭和26）年に入口となる中扉を自動化して中部車掌を廃止して人件費削減を図っている。改造車はバンパーが白く塗られ「中央入口車」の表示がある。
◎1317
戸部警察署前～西平沼橋
1967（昭和42）年1月10日

山元町

山元町は1928（昭和3）年に震災復興でできた道路に敷かれた長者町線の終点。西平沼橋から野毛山を越え日ノ出町・伊勢佐木町・長者町と中心部を縦貫しており、生麦から3系統が通っていた。開業時の停留所の位置は山元町交差点の北側だったが、1949（昭和24）年に交差点を曲がり西側に移設されている。電車は1300形だが1963（昭和38）年から更新工事が行われ、外板張替え・窓のアルミサッシ化・戸袋窓のHゴム化・方向幕の拡大が行われたが、1324号は方向幕の拡大が行われていない。
◎1324
山元町
1967（昭和42）年1月10日

八幡橋

八幡橋は掘割川に架かり、電車背後の滝頭八幡宮が由来。ここまでは左手の中村橋から1912（明治45）年に開通している。橋を渡り間門までの根岸線は1955（昭和30）年の開業。電車は1400形で、1948（昭和23）年に割当車として木南車輛で1401～10が製造された。車体前後が絞られ張上げ屋根になっている。
◎1403　八幡橋　1963（昭和38）年9月7日

葦名橋

八幡橋から磯子までは横浜市電気局になったのち、震災後の延長路線として1925（大正14）年に開業。特許は横浜電気鉄道が取得した逗子線の物を使用しており、横浜市内の杉田までを1927（昭和2）年に延伸、その先は横浜市外になり湘南電気鉄道が建設されたため市電の延長は無かった。電車は700形で、1939（昭和14）年より200形の更新として局工場で新造した車体に載せ替えたもの。1943（昭和18）年までに701～712が登場し、1947（昭和22）年に横浜車輌製作所で戦災車の部品を使い713～713が登場している。戦時中の製作のため木造車体になっている。
◎701　葦名橋　1959（昭和34）年4月24日

137ページの上の写真と同じ葦名橋にて。16系統は屏風ヶ浦から睦橋、日の出町線を通って桜木町駅前へ、花園橋線で睦橋へ戻り屏風浦に帰る循環系統だった、18系統はその逆回り。「16補」は出入庫の運用に付けていた。電車の800形は戦時設計の大型単車で、801～810は1945（昭和20）年に木南車輌で車体は完成したが翌年から走り始めた木造車、811～832は1947（昭和22）年に鋼製車体の811～832が登場、木造車も1950（昭和25）年に鋼製車体に載せ替えた。しかし戦時設計の急造車体は状態が悪く、1953（昭和28）年から廃車が始まり803号だけがラッシュ時用に残っていた。
◎803　葦名橋　1959（昭和34）年4月24日

よこはましこうそくてつどう

横浜市高速鉄道

　横浜市高速鉄道は横浜市交通局高速鉄道本部が運行する地下鉄路線の正式名称。昭和30年代後半に路面電車を廃止し地下鉄を建設する答申が出され、関内〜上大岡〜戸塚方面の１号線、新町〜横浜駅〜藤棚〜磯子方面の２号線、本牧〜関内〜横浜駅〜新横浜駅方面の３号線、鶴見から横浜市北部を縦断する４号線の建設が1965（昭和40）年に決定された。

　1967（昭和42）年に１号線と３号線の一部区間の免許を取得して建設工事を開始、建設途中で集中豪雨による浸水事故で開業が遅れたが、路面電車とトロリーバスが全廃された1972（昭和47）年に第１開業線として、１号線の伊勢佐木長者町駅〜上大岡駅間が開業。1976（昭和51）年に第２期開業線として上永谷駅〜上大岡駅・伊勢佐木長者町駅〜関内駅間と３号線関内駅〜横浜駅間が開業し、１号線と３号線の直通運転を行った。

　その後も１号線・３号線の延伸と、４号線の計画を変更した現在のグリーンラインの区間が開業していくが、京浜急行線のバイパス線として計画された２号線は京浜急行の輸送力増強で、３号線の本牧方面はみなとみらい線の建設で計画が中止されている。

横浜市高速鉄道沿線地図

建設省国土地理院「1/50000地形図」
横浜：昭和52年第2回編集

上大岡

横浜市高速鉄道の建設中、集中豪雨により1970（昭和45）年と開業直前の1972（昭和47）年に浸水被害に遭い開業が1か月遅れた。第1期開業線内には車庫が設けられなかったため車両は蒔田駅付近に開口部を設け搬入し、終端の伊勢佐木長者町駅ホームと上大岡駅の留置線で列車検査を行った。当時は3両編成だったため、6両編成用ホームを仕切って検査場にすることが可能だった。
◎1061　上大岡　1973（昭和48）年6月6日

上永谷駅を出ると地下区間に入る。一番右側の右に曲がる線路が上永谷車両基地につながるが、この出入庫線の用地買収が遅れたため車両基地は1977(昭和52)年から稼働し、それにあわせて編成が5両化されている。車両基地稼働前は関内駅の山下町方面への延伸用ホーム(建設されなかったため関内駅の1・3番線が欠番になっている)と、上永谷駅構内で検査を行っていた。電車の1000形の車番は、千位が1号線を示し、百位と十位で編成番号、一位が編成位置(横浜方が1で上永谷方が6)となっている。
◎1071
上永谷
1980(昭和55)年2月18日

上永谷

上永谷駅は第2期開業線として1976（昭和51）年に開業。平戸永谷川の谷間に駅が建設されたため高架駅となり、駅に接続して車両基地が設けられたこともあり2面4線の構造で建設された。この待避線を使って2015（平成27）年から快速運転が行われ各駅停車の追い抜きが行われている。1977（昭和52）年から運行されている1000形電車は5両編成に増結された。
◎1076
上永谷
1980（昭和55）年2月18日

えのしまかまくらかんこうでんてつ

江ノ島鎌倉観光電鉄

現在の江ノ島電鉄（1981（昭和56）年に江ノ島鎌倉観光電鉄から改称）のルーツには、「江之島電気鉄道」と「江ノ島電気鉄道」の2つの江ノ電がある。

江之島電気鉄道は藤沢駅を起点に片瀬（現・江ノ島）駅までを1912（明治45）年に開業。鎌倉市内の小町駅までの全線を1908（明治41）年に開業させた。同社は電車の運転のために発電所を建設しており、沿線の配電事業も行っていた。この配電事業が弱肉強食の競争にのまれ、1911（明治44）年に横浜電気に合併、1921（大正10）年に東京電燈に合併され同社の江之島線になっていた。

江ノ島電気鉄道は、東海土地電気が計画した大船～鵠沼～辻堂～茅ヶ崎の鉄道事業を継承したが不況で建設が出来ないでいたところ、東京電燈の事業整理で兼業の鉄道部門の譲渡の話があり、同社江之島線は江ノ島電気鉄道に譲渡された。建設予定路線のうち大船方面は日本自動車に譲渡し、残りの区間は事業廃止している。

戦時中の陸運統制令ではバス部門を神奈川中央交通に合併したが、戦後バス路線を取り戻し、1949（昭和24）年に江ノ島鎌倉観光電鉄に改称している。

建設省国土地理院「1/25000地形図」
鎌倉：昭和48年資料修正
藤沢：昭和48年資料修正
江ノ島：昭和48年資料修正

江ノ島鎌倉観光電鉄沿線地図①

藤沢

江ノ島鎌倉観光電鉄の藤沢駅は、現在のリエール藤沢が建っている位置にあった。建築中の建物は右側からフジサワ名店ビル、駿河銀行（現・F.I.C富士ビル）、さいか屋（現・ビックカメラ）。その後藤沢駅周辺の再開発にあわせ、江ノ島鎌倉観光電鉄も駅を移転し自社ビルを建設することとなる。
◎202　藤沢　1964（昭和39）年10月3日

江ノ島鎌倉観光電鉄沿線地図② 建設省国土地理院「1/25000地形図」
鎌倉：昭和48年資料修正

藤沢〜石上

昭和30年代後半には並行道路の整備により廃止も検討されていたが、これを撤回し再開発で建設された江ノ電百貨店ビル内に藤沢駅は昭和1974(昭和49)年6月7日に移転した。
◎551-501　藤沢　1975(昭和50)年5月7日

駅ビル建築・高架化に伴い1972(昭和47)年に藤沢駅を仮駅に移転、翌年高架橋建設部分を仮線に移設した。仮駅ホームの端から、線路の左(東)側に新・藤沢駅が建設される。
◎303　藤沢　1973(昭和48)年6月5日

藤沢駅高架化で石上駅手前までが高架橋となり、藤沢駅の移転に伴い営業キロ数も0.1ｋｍ短くなり距離程も直されている。
◎355　石上　1975(昭和50)年5月25日

鵠沼

鵠沼駅は開業当時からの駅だが、戦時中の一時期休止されていた。駅付近から引地川河口にかけては、日本最初の別荘地「鵠沼海岸別荘地」として開発されていて、電車の開業で開発が加速していった。撮影の1964(昭和39)年にポール集電からZパンタに集電装置が交換されている。同時に直吊式に架線はシンプルカテナリーに改められていった。
◎552　354　鵠沼　1964(昭和39)年10月3日

藤沢駅移転工事にあわせて続行運転を廃止し、連結運転の実施・自動信号化とそれに伴う駅設備の改良が行われている。連結運転は1971（昭和46）年6月から実施され、自動信号化は同年12月に完成した。301-351の編成は1979（昭和54）年の事故復旧時にヘッドライトが幕板位置に下ろされている。鵠沼駅は148ページの境川橋梁架替えにあわせ曲線緩和工事を行うため、1982（昭和57）年4月から1985（昭和60）年5月の間は藤沢方に移転し、現在の島式ホームの駅に改築された。
◎351　鵠沼　1980（昭和55）年9月15日

鵠沼〜湘南海岸公園

鵠沼駅を出ると急カーブをぬけ、境川橋梁を渡る。
◎354-302　鵠沼〜湘南海岸公園　1964（昭和39）年10月3日

201（2代）（元100形112で、起源は西武新宿軌道線の電車だが、都電150形（元・王子電車）の車体に振替を改番）と、202（出自は納涼電車、普通電車に改造後台車を交換、さらに都電170形（元・王子電車）の車体に振替）に、連結面の切妻化・貫通幌設置・総括制御が行われた。
◎202
鵠沼〜湘南海岸公園
1959（昭和34）年8月29日

鵠沼〜
湘南海岸公園

開業時の境川橋梁は木造だったが、大正期の水害復旧及び半鋼製ボギー車100形登場に備え鉄橋に架替えられた。しかし単車の続行運転の荷重負担で設計されていたため、連接車の連結運転を行うとオーバハングの短い500形同士の連結では連結部に荷重が集中する問題もあり、河川改修とあわせ下流側に新橋梁を建設することになった。電車の100形103は、東京電燈時代に雨宮製作所に発注され、東京電燈から路線を譲渡された江ノ島電気鉄道になってからの1929（昭和4）年に101〜104が落成した。当初は併用軌道用にステップがあったが、1955（昭和30）年にホームの嵩上げと共にステップの切り上げが行われている。101〜104は1957（昭和32）年に連接車改造され、302・303編成になっている。

◎103
鵠沼〜湘南海岸公園
1956（昭和31）年7月

江ノ島

開業時の江之島電気鉄道は江の島詣で・江島神社辺津宮に向けた観光鉄道であり、片瀬(現・江ノ島)駅も神社の参道に接して設けられた。片瀬は当時の村名で、1929(昭和4)年に江ノ島駅に改称している。電車の600形は、100形による続行運転を廃止するため1970(昭和45)年に玉川線の廃止で余剰になっていた東京急行電鉄デハ80形87～90の4両を譲受け、台車の改軌・片運転台化・連結化・運転室後部のドアの移設・ステップの切上げを行い、600形601-602、603-604として落成したもの。当初はアイボリーに窓回り朱色の塗装だったが、1972(昭和47)年に塗装の共通化とパンタグラフの両車端への移設が行われている。
◎603 江ノ島 1975(昭和50)年5月25日

江ノ島駅は開業時の終点であったため、留置線が設けられている。電車の進行方向勾配を登りながらカーブを抜けると154ページの写真の龍口寺の前に出る。電車は500形502-552編成、1957（昭和32）年東急車輌製で501-551編成とはライト周りの造作が異なる。車体は新造だが台車は117号（出自は多摩川電気鉄道31形）と、調達したブリル型台車を大改造して使用している。正面窓はポール操作のため下降窓とされ大きく開くことができた。
◎502　江ノ島　1959（昭和34）年8月29日

江ノ島〜腰越

江ノ電では線路の専用軌道化を進めたが、江ノ島駅〜腰越駅間は併用軌道が残った。江ノ島駅を出ると龍口寺の門前で併用軌道に出る。電車の300形306-356の編成は、150ページ下の写真の201-202編成を1968（昭和43）年に連接車改造を行ったもの。ライトの改装・客室ドアの拡幅・乗員室扉の新設が行われている。201と202では出自の車体が違うために車体断面に違いが出ているのが判る。
◎306　江ノ島〜腰越　1980（昭和55）年1月16日

上の写真と同じ場所の神戸橋、戦前は橋の北側に神戸橋停留所、南側に谷戸停留所があり停留所間の間隔は近かった。併用軌道だが法規上は鉄道であり、橋の親柱のそばに4kmキロポストが見えている。最初に連接車に改造された301編成が腰越駅に進入する。電車の通過を待つバスは江ノ島鎌倉観光電鉄の定期観光バス。民生ディーゼルのコンドルで富士重工のボディを架装する。1953(昭和28)年に運行開始したガイドによる案内つきで観光地を巡る定期観光バスは、乗合遊覧バスの先駆的存在であった。
◎301
江ノ島〜腰越
1962(昭和37)年8月22日

江ノ島〜腰越

軌道法で開業した江之島電気鉄道だったが、関係省庁の働きかけもあり1945（昭和20）年に鉄道に転換している。その後専用軌道化やホームの嵩上げを行ったが、山裾から海岸線まで市街地化していた江ノ島駅〜腰越駅間は併用軌道のまま残された。初代の腰越駅は鎌倉寄りの現在の小動交差点付近にあり、現在の腰越駅から併用軌道に出た所に谷戸駅があった。その後初代・腰越駅は小動駅に、併用軌道上にあった土橋駅が2代目・腰越駅を名乗り戦時中に休止、戦後の改良で谷戸駅が専用軌道上に移り3代目・腰越駅となり、小動駅が統合の形で廃止されている。電車は100形のうち106〜110は1931（昭和6）年の増備車で新潟鐵工所製。106号は1958（昭和33）年に連接車の303編成に改装される。
◎106
江ノ島〜腰越
1956（昭和31）年7月

峰ヶ原信号場

路線開業とあわせて峰ヶ原停留所を設置、その後運転間隔を10分に縮める際に交換設備を新設したが、1931（昭和6）年に廃止。1953（昭和28）年の専用軌道化の際に峰ヶ原信号場として設置されている。設置場所は谷があり地形に沿って線路がカーブしている。道路は海岸を埋立て拡幅されたので直線になっている。
◎501　303
峰ヶ原信号場
1959（昭和34）年8月29日

鎌倉高校前

現在は廃止された小動駅を出ると七里ヶ浜の海岸線へ出る。この区間は併用軌道だったが、戦後に軌道から鉄道に変更されたあと1953(昭和28)年に専用軌道化されている。鎌倉高校駅は日坂駅として路線開業時に開業、専用軌道化時に移転・改称されている。
◎1002
鎌倉高校前
1980(昭和55)年9月15日

峰ヶ原信号場

1971（昭和46）年に自動信号化されるまではスタフ交換を行っていたため、峰ヶ原信号場にも駅員が配置されている。左側の電車は300形305編成、京王帝都電鉄の木造車の台枠を利用し東横車輌碑文谷工場で1960（昭和35）年に製造された。上段Hゴム固定窓の全鋼製車体や台車は新造され事実上新車であった。またこの編成から運輸省の通達により連接車も車体毎に車番を分けることになり、藤沢方が305、鎌倉方が355となった。それ以前の車両も鎌倉側の車を50番台に改番している。
◎305　502　峰ヶ原信号場　1964（昭和39）年10月3日

七里ヶ浜～稲村ヶ崎

七里ヶ浜駅の鎌倉方、左側の橋が行合川橋梁。橋を渡る関係で線路は内陸側に寄りカーブしている。電車は300形304編成で、1958（昭和33）年に100形106と109を種車にして東横車輛電設で連接車に改造したもの。台枠を利用し車体は再構築され張上げ屋根となりドア・窓割も変更されている。正面窓はポール操作のため下降窓とされた。
◎304　七里ヶ浜～稲村ヶ崎　1959（昭和34）年8月29日

七里ヶ浜〜
稲村ヶ崎

七里ヶ浜にはかつて七里ヶ浜ホテルがあった。電車の先の踏切が現在の七里ヶ浜２号踏切で、七里ヶ浜ホテルの跡地は1977（昭和52）年に神奈川県立七里ガ浜高等学校が移転し、海岸線には七里ヶ浜海岸駐車場が出来ている。左側の写真の電車は200形（150ページ参照）、下側の写真の電車は302と303編成、100形101〜104を種車として1957（昭和32）年に連接車改造を行ったもの。

◎【162ページ上の写真】
　201　七里ヶ浜〜稲村ヶ崎　1964（昭和39）年10月３日
◎【162ページ下の写真】
　303　七里ヶ浜〜稲村ヶ崎　1959（昭和34）年８月29日
◎【163ページ下の写真】
　302　七里ヶ浜〜稲村ヶ崎　1959（昭和34）年８月29日

七里ヶ浜〜稲村ヶ崎

七里ヶ浜の海岸線から分かれて道路と並走する部分、戦後に併用軌道から専用軌道化されたが道路の際を走るのは変わらない。踏切は現在の七里ヶ浜3号踏切で、戦前はこの付近に姥ヶ谷停留所があった。電車は300形301編成、100形113と114(ともに2代、都電150形←王子電気軌道200形)を種車に連接化改造を施したもの。連接部分を切妻化して内側のドアを移設、台車は種車のものを改造して使用された。江ノ島電鉄線では急カーブが多いため、その後は連接車が増備されていく。
◎301 七里ヶ浜〜稲村ヶ崎 1964(昭和39)年10月3日

164ページの写真の奥に見えているカーブの位置。撮影は5年前だが、この間に道路は舗装され、架線はシンプルカテナリーに交換、ポールからZパンタ集電に変わっている。500形501編成は1956(昭和31)年の東洋工機・東洋電機製、車体は丸みを帯びたデザインに、高床ホームでの設計のためドアは両開きとなり車体中央寄りに設置、乗務員室扉が設けられた。台車は初代201号と、301編成改造時に余ったものを改造使用している。当時連結運転は考慮されていないので連結器は簡易なものを取付けている。運転台窓の白い円盤は続行運転標識、裏返すとオレンジ色に赤縁取りとなり、先頭側車両が表示することで続けて電車が来ることを示す。

◎501　七里ヶ浜〜稲村ヶ崎　1959(昭和34)年8月29日

稲村ヶ崎〜極楽寺

稲村ヶ崎駅と極楽寺駅の中間付近には併用軌道の線路敷だけを専用軌道化した区間が残っている。道路は鎌倉と江ノ島を結ぶ道で、山側の住宅は道路に接していたが、専用軌道化で道路と住宅を結ぶ勝手踏切が存在している。
◎501
稲村ヶ崎〜極楽寺
1964（昭和39）年10月3日

上の写真とほぼ同じ場所。今までの江ノ電では車両増備は譲渡車に頼ってきたが、昭和50年代の長期計画で今後の車両老朽化によるサービス低下を防ぐため新車を導入することになり、1979（昭和54）年に48年ぶりの新車として1000形2編成が東急車輛で製造された。車体は新しい発想で設計されたが、急曲線に対応するため台車は固定軸距を短くし、モーターを外側に出した従来の釣り掛け方式が採用された。登場時は冷房装置を搭載していなかったが後に冷房改造が行われている。
◎1002
稲村ヶ崎〜極楽寺
1980（昭和55）年1月26日

極楽寺

極楽寺の車庫は小町駅(現在は廃止)まで全通したあと、横浜電燈時代の1912(明治45)年に設けられた。車庫線4線とその奥に留置線を設けた構造で、1988(昭和63)年に改築されるまでこの姿で使われている。電車は100形で、105号は1931(昭和6)年製の川崎車輌製、108は同じ年の新潟鐵工所製。どちらも100形の増備車だが車体寸法や窓割り寸法・ドアやその他の構造が異なっている。連接車の運転が主になり1971(昭和46)年に続行運転が廃止されると、車両入換え時のつなぎ運用(極楽寺駅ホームが短かったため、4両から2両の切替えが出来なかった)のみで使われるようになり、1980(昭和55)年に極楽寺駅ホーム延長工事が完了すると引退した。1982(昭和57)年に廃車されるが108号は現在も極楽寺車庫で保存されている。
◎108 105 極楽寺 1964(昭和39)年10月3日

極楽寺車庫の全景、1964(昭和39)年にポールからZパンタに交換されているが、藤沢方はZパンタに交換済、鎌倉方はポールが残されている過渡期の姿。一番左側の300形303編成は、先の301編成に続き1957(昭和32)年に100形101〜104を種車に連接化改造されたもの。同時に302編成も登場している。改造内容は301編成に準じるが、正面運転台窓の拡大やバンパーの撤去で顔つきが変わっている。
◎303 108 105 極楽寺 1964(昭和39)年10月3日

極楽寺

800形の出自は、山梨交通が1948(昭和23)年に割当を受けて汽車製造東京支店で製造した7形7と8。運輸省規格型をさらに小型化した13m級の車体を持つ。1962(昭和37)年の山梨交通線廃止後は上田丸子電気鉄道に移り、丸子線廃止後余剰になっていたものを1971(昭和46)年に譲り受けた。江ノ電では2両固定編成化で使われ、一番収容力の大きい車両だったが、ドアが車端に寄っていたことやモーター半減で運転扱いが厄介なこともあって予備車的存在になっていた。しかし藤沢駅高架化でモーターを増強、さらに中扉を設置して昭和50年代には輸送力列車で使われている。
◎801　極楽寺　1973(昭和48)年6月5日

鎌倉

江之島電気鉄道が鎌倉まで延伸した際は、横須賀線のガード手前までの大町駅までが1907(明治40)年に開通、ガードをくぐる工事が完了した1910(明治43)年に鶴岡八幡宮二の鳥居手前の小町(後の鎌倉)駅までが開通している。戦後1949(昭和24)年に国鉄鎌倉駅の西側の用地買収して現在地に鎌倉駅が移転し、小町駅は廃止となった。
◎601　鎌倉　1973(昭和48)年6月5日

しょうなんものれーる

湘南モノレール

　湘南モノレールは路面電車にかわる次世代の都市交通システムとして、日立主導の西ドイツ(当時)のアルヴェーグ式跨座式モノレールに対抗して、三菱重工傘下の日本エアウェイ開発主導のフランスのサフェージュ式懸垂式モノレールが実用線として計画され、開業後も需要があり急こう配・急曲線の条件が厳しい路線として、大船〜江ノ島間の京浜急行線の有料道路上に建設された。そのため京浜急行電鉄も出資している。

　京浜急行線は東海土地電気が鉄道線として用地買収した土地を自動車道化したものだが、一部に運行の隘路となる急こう配・急曲線が存在するため別ルートに変更しトンネルに変更した区間が見られる。湘南江の島駅周辺は線路用地として道路用地が確保されていなかったため、新たに駅用地が確保された。

　下の沿線地図には国鉄大船駅から西側へ民鉄の休止線の記号が見えるが、これは1966(昭和41)年に開業したドリーム交通大船モノレール線。東芝を主体とした純国産の跨座式モノレールだったが、設計に不備があり1年半の営業で休止されている。

湘南モノレール沿線地図

建設省国土地理院「1/50000地形図」
横浜：昭和52年第2回編集
横須賀：昭和46年修正
平塚：昭和49年修正

富士見町

湘南モノレールは京浜急行線の有料道路上に建設された。元々は東海土地電気が大船線用の鉄道用地として取得した用地を江ノ島電気鉄道が継承し、東京電燈が関東大震災後の事業整理で鉄道線を売却する際に、同社江之島線を江ノ島電気鉄道が買収、建設途中の大船線は日本自動車道へ譲渡された。日本自動車道は鎌倉山付近の別荘地開発のため大船線の用地を道路として建設、日本最初の自動車専用道となった。戦後は沿線の宅地化が進み京浜急行有料道路は市道化されている。道路上の踏切は国鉄大船工場(後のJR東日本鎌倉総合車両センター)への引込線。
◎310 富士見町 1980(昭和55)年12月15日

西鎌倉

下の道路が京浜急行有料道路、日本自動車道開通時からアスファルト舗装されていた。湘南深沢駅〜西鎌倉駅間の一部は山越えになるので、道路上ではなくトンネルで建設されている。
◎312　西鎌倉　1973(昭和48)年6月5日

西鎌倉駅までは1970(昭和45)年の開業、その先湘南江の島駅までは1971(昭和46)年に延伸されている。電車は300形で三菱重工三原工場製。当初は2両編成だったが、1975(昭和50)年に3両編成化されている。
◎307　西鎌倉　1973(昭和48)年6月5日

目白山下～湘南江の島

目白山下駅～湘南江の島駅間は龍口寺裏手の山をトンネルで抜ける。東海土地電気の計画では境川右岸の西浜方面に抜ける計画だったが、片瀬村や江之島電気鉄道(当時は東京電燈江之島線)の反対で用地買収は進まず、日本自動車道の道路(モノレール下の道路・戦後に改修)も山裾を回って龍口寺の西側に出ていた。目白山下駅とは高低差があるので、湘南江の島駅は高い高架橋の駅となっている。
◎312-311　目白山下～湘南江の島　1975(昭和50)年5月25日

◎311　湘南江の島　1973(昭和48)年6月5日

いずはこねてつどうだいゆうざんせん

伊豆箱根鉄道大雄山線

　大雄山鉄道は大雄山最乗寺への参拝鉄道として計画され、1925（大正14）年に仮小田原駅～大雄山駅間を開業。軌間1067mmの電化鉄道でデハ1形3両での運転だった。大雄山駅は最乗寺までは3kmほど手前なので、さらに路線を延長＆鋼索線で最乗寺へのアプローチを申請したが、この区間は競願となり大雄鋼索鉄道に免許が下り、大雄山鉄道での建設はできなった。また大雄鋼索鉄道も未完に終わりこの区間は鉄道が建設されなかった。

　小田原駅へは、1927（昭和2）年に駅に近い位置の新小田原駅へ、1935（昭和10）年に国鉄小田原駅構内へ乗入れた、それよりも前の1933（昭和8）年に、箱根をはじめ観光地や住宅地開発を行っていた国土土地（後のコクド）の傘下に入り、1941（昭和16）年に同じ系列の駿豆鉄道（現・駿豆線）に合併されている。

　1957（昭和32）年に伊豆や箱根の観光開発を明確にするために会社名を伊豆箱根鉄道に改称、同社の大雄山線となる。駿豆線は1950（昭和25）年から国鉄電車に乗入れており、1959（昭和34）年に架線電圧を国鉄にあわせて1500Vに昇圧、旧型車は大雄山線に集められるようになる。その大雄山線も1976（昭和51）年に1500Vに昇圧された。

伊豆箱根鉄道大雄山線沿線地図

建設省国土地理院「1/50000地形図」
小田原：昭和52年修正

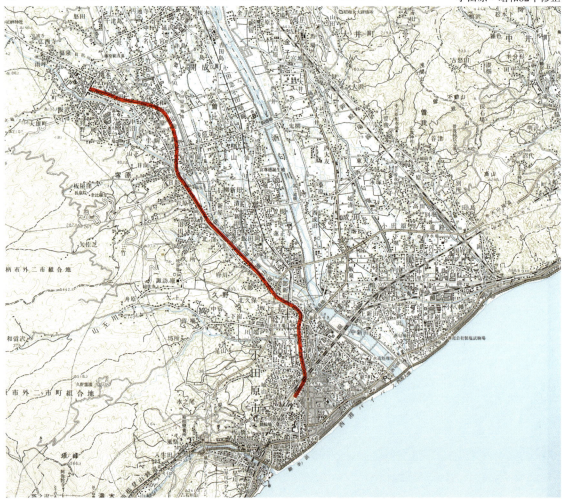

小田原

大雄山線の小田原駅は何度か移転しており、当初の開業時は180ページ下の写真の位置に仮小田原駅を設け、1927(昭和2)年に国鉄熱海線(現・東海道本線)の下をくぐり、現在の東通り入口交差点付近に設けた新小田原駅に移転。1935(昭和10)年に前年の丹那トンネル完成による東海道本線のルート変更に伴う工事の終わった国鉄小田原駅構内に乗入れた。電車はモハ40形45で出自は伊那電気鉄道のデ200形200、1923(大正12)年汽車会社製。国有化されるが国鉄形式をもらう事なく1954(昭和29)年に駿豆鉄道に譲渡された。1959(昭和34)年に西武鉄道モハ231形(出自は武蔵野鉄道サハ5650形、1928(昭和3)年川崎造船所製)236の車体のみを譲受け、車体振替による鋼体化を実施。その後台車も国鉄払下げのDT10に交換している。
◎45 小田原 1963(昭和38)年8月14日

小田原

国鉄小田原駅下り線ホームから、1976（昭和51）年の大雄山線昇圧後は重検査を駿豆線の大場工場で行うようになったため、この位置に国鉄線との連絡線が設けられている。電車はモハ30形32で、出自は鉄道院のホデ6110形、デハ6260形を経て目黒蒲田電鉄デハ31形に譲渡、さらに1929（昭和4）年駿豆鉄道に譲渡されたもの。車号の変遷はホデ6120→ナデ6120→デハ6270→目蒲デハ32→モハ32→駿豆デハ32→モハ32。木造車体だが大改修により窓寸法が変わり丸屋根になっている。
◎32
小田原
1960（昭和35）年2月20日

緑町～井細田

緑町駅を出て国鉄東海道本線のガードをくぐった先、開業当時は電車進行方向の先ある踏切を越えた所に仮小田原駅があった。現在は東海道本線の複々線化と東海道新幹線の高架橋が出来ている。電車は上の写真と同じくモハ30形。目黒蒲田電鉄に譲渡時に振替があり、記録上はホデ6131→ナデ6131→デハ6272→目蒲デハ32だが、実際はホデ6131→ナデ6131→デハ6280形デハ6282→目蒲デハ34→モハ34→駿豆デハ34→モハ34。車体新製時は構造が異なっていたが標準化改造でデハ6280形時代にデハ6260形と同型にされている。車体は原形通りで、屋根はダブルルーフ構造のまま屋根布で覆ってシングルルーフになっている。
◎34
緑町～井細田
1956（昭和31）年7月22日

181

井細田〜五百羅漢

井細田駅の北側、踏切は現在の多古宮下踏切と思われる。「RAILROAD CROSSING」と書かれた踏切標識は進駐軍の命により設置されたもの。下の「一時停止」の部分は「STOP」と以前は書かれていたはずである。電車はモハ30形31で、車号の変遷はホデ6119→ナデ6119→デハ6269→目蒲デハ31→モハ31→駿豆デハ31→モハ31。ほぼ原形のまま使われておりダブルルーフのまま屋根布を張っている。
◎31　井細田〜五百羅漢　1956(昭和31)年7月22日

五百羅漢

五百羅漢駅ホームの大雄山方、交差する線路は小田急電鉄小田原線。小田急線は足柄駅が近接するため交差部分に駅は設けられなかった。電車はモハ40形47で、出自は1917（大正6）年大井工場製の鉄道院デハ6340形6360。1928（昭和3）年の称号改正でモハ1形1020、1933（昭和8）年に三信鉄道（現・JR飯田線）に譲渡されデ1形3、1936（昭和11）年に日本車輌で鋼体化されデ100形デハ103、1941（昭和16）年に改番されデ300形デハ303、1943（昭和18）年に三信鉄道買収で国鉄籍になるがそのまま使われ、身延線に移動し制御車代用になり、1953（昭和28）年の称号改正でクハ5800形5802となる。国鉄で廃車後1960（昭和35）年に伊豆箱根鉄道に譲渡され、電動車化・貫通扉埋め込みや3扉化が行われた。
◎47　五百羅漢　1961（昭和36）年11月26日

飯田岡

1926（大正15）年に開業した飯田岡駅の南側、踏切の右側後方にホームがある。駅舎は現在の自転車置場付近にあり、飯田岡橋を渡り狩川と仙了川を渡った先が飯田岡村の中心部だった。現在は狩川の改修と飯田岡橋の架け換えで道路が変わり、駅舎の位置も移動している。電車は182ページのモハ31の5年後の姿。車体に大きな変化はないが1960（昭和35）年頃に新塗装に塗り替えられている。
◎31　飯田岡　1961（昭和36）年11月26日

塚原

塚原駅に到着する小田原行き。塚原駅は1925（大正14）年の開業時からの駅だが、狩川橋梁に近接するカーブ区間にあったため、1981（昭和56）年に塚原踏切南側の現在地へ移転している。電車はモハ151形153で、1970（昭和45）年に国鉄クモハ11499の譲渡を受けたもの。出自は1926（昭和元）年日本車輌東京支店製の鉄道省デハ63100形63187、1928（昭和3）年の称号改正でモハ10形10087、1941（昭和16）年に鋼体化されモハ50形50120、1953（昭和28）年の称号改正でモハ11形11499、1959（昭和34）年の称号改正でクモハ11形11499となった。
◎153　塚原　1978（昭和53）年5月3日

塚原〜和田河原

塚原駅を出て狩川を渡った先、現在は両側に住宅が立ち並ぶ。クハ181形181の出自は、横須賀線電車モハ32形32008で1930（昭和5）年日本車輌東京支店製。戦災を受けた焼失車体を譲受け3扉ロングシート車として1951（昭和26）年に復旧しクハ60形61となる。他のクハ60形が電装化されるとクハ80形81に改番、駿豆線で使われていたが大雄山線に転属。大雄山線では密着連結器を装備した車は100番台にすることになったので、クハ181形181に改番されている。正面非貫通で直線の雨樋や乗務員室すぐ後ろに客室扉と、モハ32形の面影が残る。
◎181　塚原〜和田河原　1973（昭和48）年5月5日

電車後ろの踏切が現在の平和1号踏切。電車はモハ151形157で、出自は東海道線小田原電化用に用意された1924（大正13）年汽車会社東京支店製木造電車のデハユニ43850形43854、しかし関東大震災の影響で京浜線に回され1926（大正15）年にデハ63100形に改造編入され63258、1928（昭和3）年の称号改正でモハ10形10158へ。戦後西武鉄道へ払下げ所沢工場にて国鉄モハ50形に準ずる鋼体化改造がなされモハ311形328（2代）に、その後の改番でモハ314（2代）→クモハ314（2代）となり、1972（昭和47）年に伊豆箱根鉄道にやってきた。ベンチレーターがグローブ化される国鉄の更新修繕Ⅱを受けていないのでガーランドベンチレーターが残っている。
◎157　塚原〜和田河原　1973（昭和48）年5月5日

塚原〜
和田河原

和田河原駅の小田原方、電車の後方の踏切が黒埆（くろまま）踏切。電車はクハ20形27で、出自は南武鉄道（現・JR南武線）の1942（昭和17）年汽車会社製のクハ250形252。国鉄買収後もそのままの車番で使われ、1953（昭和28）年の称号改正でクハ6010形6011となる。1963（昭和38）年の廃車後に譲渡を受けて、1965（昭和40）年にクハ27として落成した。1977（昭和52）年の廃車後は伊予鉄道に譲渡されている。
◎27
塚原〜和田河原
1973（昭和48）年5月5日

上の写真と同じ場所。電車のクハ181形183の出自は、1927（昭和2）年川崎造船所製半鋼製電車の鉄道省デハ73200形73311。1928（昭和3）年の称号改正でモハ30形30111となり戦後は部品不足により制御車代用となり1949（昭和24）年に制御車のクハ38形38077に編入される。1953（昭和28）年の称号改正でクハ16形16119となり、その後の更新修繕Ⅱで丸屋根化・グローブベンチレーター化されクハ16形16221に改番される。1958（昭和33）年に運転台後ろを荷物室に改造しクハニ19形19005に改番、1967（昭和42）年に伊豆箱根鉄道に譲渡されクハ20形28になり駿豆線で使われるが、すぐに大雄山線に転属し現車番となる。真ん中の太い窓柱と浅い屋根などは、ダブルルーフ改造のモハ30形に見られる特徴。
◎183
塚原〜和田河原
1973（昭和48）年5月5日

大雄山

終点の大雄山駅には車庫があった。左側のモハ151形158の出自は、1926（大正15）年汽車会社東京支店製の鉄道省デハ63100形63216で、1928（昭和3）年の称号改正でモハ10形10118に、1941（昭和16）年に鋼体化改造されモハ50形50125となる。戦時中に事故廃車となり西武鉄道が引き取り、1949（昭和24）年にモハ311形315となり、改番でクモハ315になっていたものを1972（昭和47）年に伊豆箱根鉄道に譲渡したもの。モハ151形165は、鉄道省モハ30形を出自として1960（昭和35）年に相模鉄道に譲渡、形態統一工事で新造車体に載せ替え、クハ2500形2510とモハ2000形2024となり、1976（昭和51）年に伊豆箱根鉄道に譲渡され名義上は順にモハ165とクハ187となるが、実際には車体が振替えられている。
◎158　165
大雄山
1973（昭和48）年5月5日

190

和田河原

和田河原駅小田原方の押切踏切、電車のクハ20形25は、1914（大正3）年鉄道省新橋工場製のデロハ6130形出自の木造荷物電車を種車に、南武鉄道が1940（昭和15）年に木南車輌にて新造扱いで鋼体化してモハ500形503となる。買収で国鉄籍になったあと1945（昭和20）年に西武農業鉄道（現・西武鉄道）に貸し出され、1949（昭和24）年に制御車化され身延線に配置、1953（昭和28）年の称号改正では誤って青梅電気鉄道グループのクハ6110形6110に付番されるが、正規のクハ6020形6021に再改番される。国鉄での廃車後伊豆箱根鉄道に譲渡され、1961（昭和36）年に現車番で落成している。
◎25
塚原〜和田河原
1973（昭和48）年5月5日

J. Wally Higgins（ジェイ・ウォーリー・ヒギンズ）

　1927（昭和2）年、合衆国ニュージャージー州生まれ。父が勤めていたリーハイバレー鉄道（ニューヨークとバッファローを結ぶ運炭鉄道）の沿線に生家があり、母と一緒に汽車を眺めたのが鉄道趣味の始まりだった。
　大学卒業後、アメリカ空軍に入隊。1956（昭和31）年、駐留米軍軍属として来日、1年の任期後約2か月間で全国を旅し、日本の鉄道にはまってしまう。1958（昭和33）年、再来日。それ以降、全国の鉄道を撮りに出かけるようになる。1962（昭和37）年からは帰国する友人の仕事を引き継ぎ、国鉄国際部の仕事を手伝うようになり、現在もJR東日本の国際事業本部顧問を務める。
　氏は、鉄道の決めのポーズや形式写真には後々の保存性を考え大判の白黒フィルムを用いた。しかし、友人たちに伝える日本の風俗や風景（もちろん鉄道も含むが）のようなスナップ的な写真にはコダクロームを用いている。理由は、当時基地内で購入・現像できたので、一番安価だったとのこと。
　今回のシリーズは、それらカラーポジから私鉄各社を抜き出したものである。

【写真解説】
安藤 功（あんどう いさお）

1963（昭和38）年生まれ。
NPO法人名古屋レール・アーカイブス理事。
国鉄最終日に国鉄線全線完乗。現在は全国の駅探訪を進め、残り数百駅ほど。

NPO法人名古屋レール・アーカイブス（略称NRA）

貴重な鉄道資料の散逸を防ぐとともに、鉄道の意義と歴史を正しく後世に伝えることを目的に、2005（平成17）年に名古屋市で設立。2006（平成18）年にNPO法人認証。所蔵資料の考証を経て報道機関や出版社、研究者などに提供するとともに、展示会の開催や原稿執筆などを積極的に行う。本書に掲載したヒギンズさんの写真は、すべてNRAで所蔵している。

ヒギンズさんが撮った
関東地方の私鉄
群馬・埼玉・東京・神奈川編
コダクロームで撮った1950～70年代の沿線風景

発行日……………2025年3月5日　第1刷　※定価はカバーに表示してあります。

著者………………（写真）J.Wally Higgins　（解説）安藤 功
発行者……………春日俊一
発行所……………株式会社アルファベータブックス
　　　　　　　　〒102-0072　東京都千代田区飯田橋 2-14-5　定谷ビル
　　　　　　　　TEL. 03-3239-1850　FAX. 03-3239-1851
　　　　　　　　https://alphabetabooks.com/

編集協力…………株式会社フォト・パブリッシング
デザイン・DTP ………柏倉栄治
印刷・製本………株式会社サンエー印刷

この印刷物は環境に配慮し、地産地消・輸送マイレージに配慮したライスインキを使用しているバイオマス認証製品です。

ISBN978-4-86598-917-5　C0026
なお、無断でのコピー・スキャン・デジタル化等の複製は著作権法上での例外を除き、著作権法違反となります。